高职校园文化建设探索与实践研究

胡湘梅 著

全国百佳图书出版单位
吉林出版集团股份有限公司

图书在版编目(CIP)数据

高职校园文化建设探索与实践研究 / 胡湘梅著. -- 长春：吉林出版集团股份有限公司，2023.6
　　ISBN 978-7-5731-3900-9

　　Ⅰ.①高… Ⅱ.①胡… Ⅲ.①高等职业教育－校园文化－建设－研究 Ⅳ.①G718.5

中国国家版本馆 CIP 数据核字(2023)第 132099 号

高职校园文化建设探索与实践研究
GAOZHI XIAOYUAN WENHUA JIANSHE TANSUO YU SHIJIAN YANJIU

作　　　者	胡湘梅
责任编辑	欧阳鹏
技术编辑	王会莲
封面设计	豫燕川
开　　　本	787mm×1092mm 1/16
字　　　数	216 千字
印　　　张	10
版　　　次	2024 年 1 月第 1 版
印　　　次	2024 年 1 月第 1 次印刷
出　　　版	吉林出版集团股份有限公司
发　　　行	吉林出版集团外语教育有限公司
地　　　址	长春福祉大路 5788 号龙腾国际大厦 B 座 7 层
电　　　话	总编办：0431－81629929
印　　　刷	北京银祥印刷有限公司

ISBN 978-7-5731-3900-9　　　　定价：60.00 元
版权所有　　侵权必究

前言

　　文化是一种无形的力量,能够挖掘人们的潜在动力,改变人们的思想和行为。当今时代,文化的地位越来越重要,作用越来越突出,影响越来越深刻。中国特色社会主义进入新时代,人民日益增长的对美好生活的需要越来越强烈,而文化的繁荣兴盛是人们对美好生活需要的更高层次的追求,要坚定文化自信,推动社会主义文化繁荣兴盛。

　　高职校园文化是中国特色社会主义先进文化的重要组成部分,是高职师生员工在长期的教育教学、学术科研、管理服务实践中所传承、积淀、创造、共享的,以反映师生共同信念和追求的校园精神为核心,具有高职校园特色的一切精神财富、物质成果、制度规范及其行为方式的总和。作为高职院校的精髓和灵魂,校园文化直接影响着高职院校学生思想道德品质的确立,影响着高职院校学生能否健康成长。近年来,许多高职院校都投入了较多的人力和物力创建自己的校园文化,并取得了不少成就。但是,随着新时代发展要求、师生需要以及社会期待的提高,校园文化建设面临着一些新问题。为此,高职校园文化建设管理依然是一项重要而迫切的工作。

　　本书是关于高职校园文化建设探索与实践研究方向的著作,本书从文化与校园文化介绍入手,针对文化概述、校园文化的概述、校园文化的育人功能进行了分析研究;另外对高职院校文化与文化校园建设、高职校园文化建设的动力机制与要求、高职院校形象文化建设、校园网络与高职校园文化建设进行了一定的介绍;还剖析了高职校园和谐校园建设与教育策略等内容;旨在摸索出一条适合高职校园文化建设的科学道路,帮助其工作者在应用中少走弯路,运用科学的方法,提高效率。对高职校园文化建设探索与实践研究有一定的借鉴意义。

　　在编写本书的过程中,笔者查阅和借鉴了大量的相关资料,在此向其作者表示诚挚的感谢。此外,本书在编写的过程中,也得到了相关专家和同行的支持与帮助,在此一并致谢。由于作者水平有限,加之时间仓促,书中难免出现纰漏,敬请广大读者批评指正。

目录

第一章 文化与校园文化 1
    第一节 文化概述 3
    第二节 校园文化的概述 7
    第三节 校园文化的育人功能 12

第二章 高职院校文化与文化校园建设 27
    第一节 高职院校文化校园的内涵及重要性 29
    第二节 高职文化校园建设的主要内容 33

第三章 高职校园文化建设的动力机制与要求 39
    第一节 高职校园文化建设的动力机制 41
    第二节 高职校园文化建设的总体要求 51

第四章 高职院校形象文化建设 67
    第一节 品牌文化与高职院校形象 69
    第二节 高职院校品牌专业的设置和建设 74
    第三节 高职院校品牌实训基地建设 82

第五章 校园网络与高职校园文化建设 95
    第一节 网络、网络环境与网络文化 97
    第二节 网络及网络文化对校园文化的影响 101
    第三节 网络环境下加强校园文化建设的意义 105
    第四节 网络环境下我国高职校园文化建设的对策 109

第六章 高职院校和谐校园建设与教育策略 115
    第一节 高职院校和谐校园文化建设 117
    第二节 加强大学生的和谐力建设 137
    第三节 在构建和谐校园环境中发挥党员先进性 138
    第四节 高职院校学生就业的解决对策及能力体系培养 141
    第五节 加强高职校园文化建设的基本对策 143

参考文献 151

第一章

文化与校园文化

第一节　文化概述

一、文化的含义

文化是我们日常生活中最常见的，同时也是最为复杂的一个概念。在现实生活中，每个人都生活在特定的文化背景中，并且通过直接或间接的方式与身边的各种文化进行接触，同时与处于不同文化背景下的人进行交往。此外，中西方文化的概念中也有很多的相似之处，比如在意义上都具有丰富和完善人们的内心世界、提高人们教养的优势，同时指向了人们的进一步完善与发展，突出了教育在其中扮演的角色。

（一）从概念范围进行分析

广义的文化是指人类所创造的精神产品及物质产品的总和，而狭义的文化则是指人类所创造的艺术文学语言以及包括意识形态在内的一切精神产品。在哲学卷中，与社会卷类似，也是将文化进行了广义和狭义的划分，广义上除了包括精神产品和物质产品的总和之外，还包括了物质及精神生产的能力；而狭义上则是指精神产品和精神生产能力，同时包括一切社会意识。

（二）从学科角度进行分析

倘若从不同的学科对文化的概念进行界定，则这种界定彰显着各个学科的特色。历史学家把文化看作是社会遗产的传统属性，重点突出了其累积和传承的含义，认为文化是一切人工产物的总和，包括一切人类所发明并且传递给后代的所有器物的全部以及他们的生活习惯等；而社会学家则重点突出了文化作为一种社会的动态演变状态所规定的认知意义，认为文化更像是一个社会历史的研究范畴，包括了人类创造社会历史的发展水平程度以及社会历史创造的质量状态；哲学家认为，生活中所说的文化就是人类主体、存在的历史和他们在社会实践活动中，持续外化及对象化自我的本质力量，使用、改造自然社会及人的自身，同时又丰富和发展了自我的本质；传播学根据文化传播所具有的信息传递和交换的特点，认为文化就根本性而言，是生物共生行为中传递信息的方式。此外，心理学、符号学等也从各自学科的角度对文化概念进行了界定。

（三）从文化要素进行分析

文化分为三个要素：一是符号、意义和价值观；二是规范准则；三是物质文化。还有学者认为文化由七个要素组成，分别是存在形态、建构目的、思维方式、意识形态、历史时代、地理区域及品质，与此相应有七种文化类型，分别是形态型文化、目的型文化、思维方式型文化、意识形态型文化、历史时代型文化、区域型文化和品质型文化。

（四）从文化的层次性结构上进行分析

文化作为人类在长期的社会实践活动中创造的物质财富的凝结和精神财富的积累，它大致包括精神、信息、行为、制度、物质等几个层面。其中最为核心也是最为稳定，并且将文化塑造成了一种特定文化的部分往往是文化的精神层面，精神文化构成了人们日常所描述的文化的灵魂,文化灵魂的最外层一般都是文化所包含的物质层面,也是文化体系中最为不稳定的一种。精神文化是人与自我意识关系在发展中带来的历史产物,同时也在人类社会的实践和意识活动中不断地进行发展与进化,精神文化的核心主要包括了人们的价值观念、思考方式、道德情操、审美趣味。

(五)从文化的价值功能视角进行分析

文化是人类社会所特有的一种现象。文化的本质是人的本质,本质力量的对象化既是社会实践的能力和社会实践的产物,也是人类活动的重要方式,因此国内有一些学者着重从文化对人的意义功用和价值的视角来界定各个文化的概念,著名的功能主义文化理论的代表马林诺夫斯基认为文化是一个满足人的要求的过程。为了应付在该环境中所面临的具体问题,而将自己置于一个更好的位置上的工具型装置。

二、文化的特点

(一)民族性与世界性

从文化的民族性和世界性来讲,文化的这一特点十分突出,它主要有三层含义:第一,在文化的产生顺序上首先出现了民族文化,然后出现了世界文化。第二,从文化的关系上来说民族文化是基础的文化,跨民族交流的先进世界文化同时又促进了各民族文化自身的发展。第三,从文化的内容上来说,任何一个国家或者民族的文化都可以分为两个部分,第一部分是民族性文化,第二部分便是世界性文化。

就科学性来说,人类的智慧从攀爬树木的猿猴走向了地面,行进方式也由最古老的爬行演变成了直立行走,这都表现了人类文化的科学性特征,从旧石器时期到新石器时期,人类的手指运动促使人类的大脑发生了深刻的进化。自从火的发明以来,人类便开始尝试品美味,同时也演变得更加聪明,往后依次出现了农业、种植业、养殖业、城市等,在此基础上进一步产生了货币,当人类拥有了复杂的经济头脑和政治管理理念,国家也随之产生了。体力劳动与脑力劳动进一步分工,进而有了文字的创造,出现了泥版文书,同时人类拥有了记载历史的习惯,开创了天文学、哲学、数学、化学、医学、物理学的分工与研究,人类创造了音乐、舞蹈、绘画、雕刻等关于美的享受与需求。在有了文字之后,人类能够表达并传达更加丰富多彩的感情与个人愿望,可以表达人类的理想与个人追求,而知识的积累又使人类逐渐发现了自然界及人类社会的其他各种规律,人们渐渐努力探索并掌握这些规律,从次拥有了真正的科学。从日心说到万有引力,再到相对论,人们发现了天体规律,同时也验证了地圆说,发现了新大陆,从显微镜的发明到发现遗传基因,人类从电的发现与利用中掀起了电力革命,电子技术的发现促成了信息革命,进而出现了智能机器人,石油、核能及其他各种能量的发现与利用,进一步发展到制造航天飞机、人造卫星、人类空间站、磁悬浮列车等。人类最初从分光镜的发明发现了太阳的574条暗线,进一步认识到了太阳恒星与地球的元素具有很多相同点。从微生物学到药物学、免疫学的开创,人类仍在继续探索延长寿命的方法,几乎发现了太阳系与地球之间的大部分秘密,而生命科学、宇宙间的秘密仍有待于人类的继续探索,由此可见文化的科学性贯穿了人类发展的始终,它由人类创造又推动着人类不断前进,人类在不断地成长和演变中积累了智慧,随着科学的不断发展,人类会变得更加全能。

(二)间断性与连续性

人类的文化呈现出从低级到高级的发展趋势,虽然其间有倒退或者是重复,但人类文化总体呈现出上升的趋势。文化的发展中间曾经出现过间断性,也出现过中断和倒退的现象。虽然文化具有独特的间断性特点,但世界上更多的文化是连续的,如古希腊文明受到了古埃及与古巴比伦文明的影响,而古罗马的文明则是对古希腊文明的继承与发展。

(三)规律性与必然性

人类的历史发展过程向人们展示出了一些明显的发展规律,如否定之否定规律、对立统一规律、物极必反规律、量变到质变规律以及矫枉过正的规律,等等,同时任何一种文化的发展和衰落都有必然性和偶然性。

(四)有而无与渗透性

一方面,文化是一种存在,一种真实可知的存在,随时随地都在人们的身边。另一方面,文化也是一种看不见、摸不着的产物,就像是溶解在了水里的盐分,人们看不到、摸不到,但是一尝就会知道它是咸味的;也像空气人们看不见也摸不到,但没有空气人们就无法生存。在经济领域中,市场是看不见的手,是调节国民经济活动的有力手段。人们素质的高低看不到但可以感觉得到,这也是一种无形的存在。类似的,文化也是一种具有内在力量的产物,它是控制其他特定社会要素的特殊存在。因此文化在内容方面具有抽象性和普遍性,同时对个人的行为有很强的导向性和约束力。

此外,文化亦是一种渗透的存在,是价值观和人类思维方式的核心,它是知识的载体,渗透于所有具有人类活动的过程中,包括物质世界,甚至渗透到了人的血液中去。在不同的单位中,相同的系统可以在特定单位中进行,在其他单位中却无法进行,在同一个单位,一些系统可以顺利地运转,而另一些系统由于自身的文化传统和特点却无法顺利地运转。各类建筑或以媒介形式或通过自身的外在形态表达难以用语言表达的文化,如高职院校在建校初期通过与众不同造型的学生宿舍,试图传达一种倡导学生自由、创新的文化氛围,或以场所的形式提供能够激发活动主体情感并与其行为模式适应的环境设施,如学校的礼堂、广场、三角地等。因此,渗透性存在也是文化的重要特点之一。

(五)整体性与差异性

文化的整体性表现在文化是一个有机的整体,在一种环境下的整体,而不是一个机械的整体。对于机械形式的整体,人们可以分解,单独分析局部及局部之间的关系。例如一辆车坏了,可以把它拖到车库里进行拆卸,然后更新损坏的零件,直到把它修好。在平时,人们可以根据研究和工作及教育的需要,对文化进行各个含义上的分类。例如:精神文化、物质文化、行为文化、制度文化、主流文化、精英文化、流行文化、气息文化、行为文化、成就文化、企业文化、校园文化、社区文化、先进文化和保守文化,等等。

在现实中,文化就像水和牛奶的混合物,每个人都是不同的,经历不一样的境遇,即使是同一件事,每个人也会有不一样的感受。"一千个读者有一千个哈姆雷特"。例如,人们听一场报告,做报告的人只有一个,报告内容是相同的,但由于每一个人的生活经历不同、知识体系不同、关注点不同、听报告时的心情不同,报告内容与每一个人交互作用所产生的结果、形成的个体文化就大不相同。

三、文化的育人功能

(一)文明的教育化

文明的教育化是文化育人的内容与实质。文明的教育化是指文明作为教育的质料,作为教育的内容,作为教化培育和塑造人性的根基是教育得以存在和不断延续的源泉。

在一定程度上,文化的内容和实质是文明的教育。文明的教育是把文明作为教育的物质,作为教育的一项重要内容,同时以文明的形式塑造了人类本性的基础,人类是教育的源泉和延续。文化教育的主要目的在于让人们学会不断反思和启迪,以此来消除人性和动物的残忍,创造出文明社会,也因而使得文明的延续成为可能。在认识和改造自然、社会和人类自身的过程中逐渐形成了各种形式的文化和文明,通过不同形式的文化和文明形式,规范了人类自身、人与自然、人与社会之间的关系。

人类用文学、艺术来激发对生活的激情,并理解崇高、优雅和人类的尊严,无论何种形式的文化,它都是由教育内容所代表的,它是人类生产和生活体验的再现,教育是人类体验的直接延续,也是与文化联系的有效途径。

人类文明在繁衍过程中受到不同历史条件的影响,面对不同的形式和历史,民族教育受到文明自身的影响,表现出不同的类型。

(二)教育的文明化

教育文明化是文化的形式和样态。教育文明化意味着教育必须尊重人类,并以他们的方式对待人们,要按照人对待人的方式进行教育,必须从宏观层面正确认识教育的主体,从教育体制、教育体系的中等层面改革、从微观层面去除教育的不合理部分,如粗放的方法和野蛮性的方式。

第一,在宏观层面上必须辩证地认识教育领域,遵循文化生产和再生产的基本规律。教育是教育人的活动,从最广泛的意义上讲,凡是促进人的知识和技能的活动和影响人的品德的活动都可以称为教育。从狭义上说,教育是指教育工作者根据某种社会(或阶级)的要求,有目的、有计划、有组织地使得受教育者身心受到正面影响,训练他们成为人类活动所需要的社会(或阶级)人才。任何意义上的教育都必须受到一定的社会经济基础的影响和限制。但此外,将培养人作为目标和基本任务的教育应该始终遵循文化生产和再生产的基本法则。

第二,中等层次上国家教育体系的建设、教育体系的设计、教育政策的安排、教育资源配置必须符合公平公正的原则,所谓"正义原则"即所有的社会价值——自由和机会、收入和财富以及自尊的基础应该平等地分配,除非任何价值的不平等分配对每个人都有利。就教育的文明化而言,教育促进人类的解放,自由全面发展,能提高人民的自由感和幸福感,促进社会正义、民主、法治、诚实、友好,甚至有助于人类的整体的全面发展和促进世界友好的目的。教育公平促进社会公平,用教育所追求的至善引领社会价值的至善,以教育文明化推动文明的社会化。文化教育是一种整体的教育与熏陶,整体的影响体现在不仅仅与一个家庭、一所学校、一个国家有关,甚至与全人类的至善有关。

第三,微观层面上人们必须遵循教学和学习的规律,以文明的方式看待教育。教育作为一种培养人民文化的方式,在教育和被教育的过程中,必须坚持主体间的平等原则、尊重原则和主体性原则,根据著名的哲学家和教育家的说法,文化活动是"讲道理"的工作。

第二节 校园文化的概述

一、校园文化的含义

高职校园文化是校园文化在一个特定形式下的表现,是国家整体社会文化的一个重要组成部分,能够真实反映社会文化的整体发展,是一个国家、一个民族整体文化的缩影。具体地说,高职校园文化是在长时间的教育教学过程中,为了提高教师和学生综合素质,促进教师水平的提高和学生的身心健康,在以一个特定的校园精神和生活方式为基本特征的条件下,以教育师生为核心所创造的制度文化、物质文化、精神文化和生态文化之和。

(一)狭义上的高职校园文化

狭义的校园文化是精神文化,也是校园文化的最高层次,是校园文化的核心和灵魂,狭义上的高职校园文化主要有"课外活动说""校园精神说""艺术活动说"。

1. 课外活动说

"课外活动说"又被称为"第二课堂说",是校园文化的早期定位之一。比较有代表性的观点是:校园文化是指以所有的教师和学生为主体创建的教学、科研、学习和生活等社会实践活动中表现出的文化意识和行为,更加微观地表现为以高职生校园课外活动为主体,即"第二课堂"。从狭义上讲,相对于课堂文化,校园文化是以主旋律为突出主题的课外文化,其内容可以概括为一个轴、三个层次。一个轴就是培养德智体美全面发展,符合社会主义建设的合格人才;三个层次即一个是概念层;第二个是制度层;三是器物层。

2. 校园精神说

对许多人来说,校园精神是校园文化最常见的一种。狭义上的校园文化主要是指精神文化,是指除了教育、教学、管理以外的一种群体文化,其主要内容是教育政策、培训目标、学校精神和学习风格的建设,艺术和文化。校园文化是一所学校独特的精神,是广大高职教师和学生的规范、生活方式、行为模式和价值体系,是不同于其他社会组织的重要标志,同时也是团结学校团体的一种精神力量。

3. 艺术活动说

狭窄的校园文化的定义虽然可以使校园文化更具体,更有针对性且容易理解,但只是从某一角度去描述,很难对校园文化有一个相对全面、准确的理解及把握,影响校园文化某些功能的挖掘和效用发挥。在校园文化的培养对于高职和社会的发展越来越重要的今天,高职校园文化内涵的定义是一定要随着时代的发展不断扩大和充实的。因此,校园文化的定义存在从"狭义"到"广义"的发展趋势。

(二)广义上的高职校园文化

广义的校园文化包括校园物质文化、校园制度文化、校园行为文化、校园精神文化等。根据这些构成元素,大体上可分为"二要素说""三要素说""四要素说""五要素说"和"多要素说"等。

1.二要素说

高职校园文化内涵的双元素说,从物质和精神两个方面表达是早期比较经典的表述。校园文化是在学校教育环境下,学校培养和发展人才及提高自身的实践中形成的,同时具有学校特点的物质财富和精神财富的总和。在这个基础上,人们可从不同的角度展开研究。从学科的角度定义的话,校园文化就是指在学校教育环境中,以学生为主体,教师为主导,以促进学生成人成功为目标,所有的师生员工在生活、教学、科研、管理和其他领域的相互作用下共同创造的所有的物质和精神的成就,它的形式即校园文化可以分为有形的和意识形态的文化形式。

2.三要素说

"三个因素"主要是指借鉴了文化研究的理论,参照文化可以分为物质文化、精神文化和制度文化三种形式的文化现象,将校园文化分为校园物质文化、校园制度文化和校园精神文化。高职校园文化是高职院校在长期发展和转型过程中所创造的物质文化、制度文化和精神文化的总和。物质文化是整个校园文化的文化符号,是校园文化的浅面。制度文化是校园文化的中心,是校园文化深层发展的前提和保证,是校园文化的核心和灵魂。广泛来说,高职校园文化环境包括环境文化、制度文化和精神文化,环境文化是由学校的教学、科研设施、人文景观等组成的,高职的制度文化则包括高职各种规章制度、组织和运作规则等组成。精神文化是指高职的办学理念、价值取向、人的思维方式、精神等方面的文化,高职师生是校园文化的主体和创造者。

3.四要素说

高职校园文化内涵的"四要素说",广义的校园文化是高职院校的生活方式的总和,在校高职生、教师和干部是主要群体,相较于其他群体,它是一种在物质财富和精神产品层面上有一定独特性的文化类型。定义中应包括以下三个方面:智能文化(学术水平、学科设置、科学研究等)、物质文化(文化设施、校园建设等)、标准化文化(教育系统、学校精神、规则和道德、精神文化、价值体系和精神氛围等)。

4.五要素说

在"四要素"的基础上,"五要素说"更具体地阐述了高职校园文化的内涵。一种广泛的校园文化包括物质文化、智力文化、精神文化、文化规范和行为文化等五个方面。随着社会环保意识的增强,校园文化也反映了生态的内容,校园文化以社会先进文化为主导,师生文化活动为主体,以校园精神为背景,在长期发展的变化过程中,由全校员工和学生共同创造的校园物质文化、制度文化、精神文化、行为文化和生态文化综合在一起并相互影响形成的,为指导学生个人或群体的行为和了解校园事件、行为提供了一种参考框架模型。移动电话、互联网等新媒体的出现,带来了校园文化的内涵的进一步丰富,在原始的物质文化、精神文化、行为文化、系统文化上,新增加了媒体文化。

5. 多要素说

在以上几种要素的基础上,校园文化的内涵越来越丰富。例如,广义的校园文化是以校园地理文化、社会文化为背景,以学校管理者和师生员工为主体,以校园生活中的人际关系、精神面貌、价值取向、舆论氛围为主要内容,以文化活动为基本形式,在高职教育、学习、生活、管理过程中形成的活动方法、活动过程及结果。高职院校文化包括高职院校人员,特别是高职院校学生存在现实影响和潜在的影响下的所有文化要点,包括价值观、理想和信仰、思维方式、道德情操、传统文化、生活方式、心理氛围、人际关系、行为标准、学校制度和物理环境。

二、校园文化的特点

校园文化以学校师生员工为主体,以完备的文化设施和美丽的校园环境、丰富的文化活动为依托,以塑造校园的精神、净化校园文化氛围、培训教师和学生的健康人格为目标的特殊文化。与其他文化不同,校园文化有其独特的特点。高职校园文化是社会文化的一种亚文化,是高职师生创造和享受的一种群体文化。高职校园文化也因此由社会上占主导地位的文化进行管理,同时具备社会和文化系统所共享的一般属性,如阶级性、客观性、民族性等,并受自己的发展规律的约束,不同于其他类型的社区文化,如企业文化、城市文化,基本特征主要包括以下几个方面。

(一)学术性

学术性是高职校园文化区别于其他类型文化中最突出的特点和重要标志。重视学术是高职校园文化的一个重要方向,具体可从以下几个方面来讲。一是从历史上来看,高职院校是所有的知识和科学、事实和原则、探索和发现、实验和思考的高层次保护,坚持这个理念,高职院校会逐渐形成一个良好的学术氛围和传统,高职是教育教学的标准化,以确保高职院校在某种理想状态下可以深入进行高层次、客观的科学研究;二是高职院校本身便肩负了人才的培养任务、高职院校知识创新的社会功能,教学和研究是主要的工作方式。高职院校有大量的高级专家和学者、丰富的书籍和材料、众多的科研项目、科技的前沿文化信息等所需要的有利资源,决定了高职校园文化必须有独特的学术特征;三是从现实的角度来看,在当今知识经济时代,高职院校作为一个社会组织,不仅仅是在传播先进知识和培养高层次人才等方面发挥了重要的作用,在社会经济的发展中,社会也将高职学术提升到了一个前所未有的高度,主要表现在服务社会及促进社会发展方面。

(二)超前性

校园文化的独特学术性质决定了它必须具有历史的超前特性。学术更多的是站在现实的基础上展望未来,相对于社会文化主要从传统文化的角度,由人们的经验与习惯所形成的氛围来影响甚至改变人们的文化发展方向,高职校园文化倾向于从未来的角度来创建文化氛围,感染和熏陶人,这意味着高职校园文化有历史的超前特性。它包含两个方面的含义:一是指校园文化的探索特性,二是指校园文化。而校园文化其实是一种理想主义,它是展望未来作为其主导的价值观。这是因为高职院校在现代化的过程中,不仅要为社会提供科学技术,要创造精神文化,还要培养具备现代知识、现代技术的高水平人才。高职已成为一个发展驱动力的社会机构,发展动力的来源,高职校园文化已经成为整个社会文化的新概念的发源地,也是文化发展的前沿,因此高职校园文化具备超前性的特点。校园内的专家、教授人才济济,他们从不满足简单的文化继承、平庸的复制或享受文化的成就,而是在不断追求卓越,努力创建新的精神和文化财富。

(三)创新性

高职校园文化的超前性特点不可避免地要求文化具有创新性。高职的本质是创新,高职院校文化的生命力也在于创新,高职校园文化必然将创新作为其追求的灵魂。高职校园文化的创新性就在于创造新的思想和新观念,具有创新精神和创新能力,为国家的创新发展提供源泉。一方面,高职院校作为一种社会文化的高地,拥有保存、继承、传播和创造先进文化的重要地位,它不仅继承、借鉴和吸收了不同的文化,还要对不同的文化进行选择和不断创新,这种根据不同文化扬弃的过程本身就是一种创新和进步;另一方面,教师和学生是校园文化的诞生来源,教师和学生作为校园文化的主体,他们本身就是具有创造性的,而这也决定了校园文化的创新特征。

(四)引领性

高职校园作为人才培养的主要阵地,教师和学生的思想意识、价值目标和创造出的文化成果是超前于社会文化的,具有引领社会文化发展趋势的作用,是社会文化的领导者。高职院校对社会形势的变化、对社会发展的深刻理解和积极反映,使其能够成为孕育并产生符合时代潮流和发展趋势的思想文化的最重要场所。此外,高职院校还承担着培养社会主义现代化人才的艰巨任务,这决定了高职校园文化必须有一个明确的点,那就是必须坚持马克思主义的主导地位,引导其他社会文化发展,努力实现社会主义文化繁荣的伟大复兴。因此,高职院校应坚持校园文化建设的正确方向,鼓励学生和教师参与和创造,营造一个健康积极向上的校园文化氛围。

(五)多元性

随着社会文明的进步,文化日益开放,体现出多元化、一体化的发展趋势,高职校园文化作为文化积淀和交织的重要场所,呈现出丰富多彩的多元特征。这是由于高职校园中拥有大量高智商的群体,他们越来越频繁地在国内外进行学术交流讨论,接受国内外的新思想和理论的人才,往往走在社会的前列。高职院校的多样性同时体现在高职院校之间与高职院校内部,同时体现文化多样性不仅是校园文化与价值观和其他形式的文化进行冲突和融合的过程,而且也拓宽了校园文化发展和自我完善的空间,同时为其做出正确的选择和判断提供了参考。校园文化从单一到多元化的深入发展趋势过程中,高职院校应该在独立思考和批判继承的基础上,以客观、冷静的态度对待多样化的现实,重视核心价值观的巩固,提升文化适应性和竞争力,加强国家和民族文化的认同感和自豪感。

(六)教育性

文化是文而化之,教育就是通过营造和谐校园文化氛围和良好校园文化环境,引导学生树立正确的价值观,引导学生自觉遵守行为规范,提高学生的创新能力和综合素质。校园文化是人才培养的重要组成部分,高职校园文化的基本属性和功能决定了高职校园文化的教育质量。校园文化教育不仅是传授文化知识,更是形成一种文化体验,通过营造良好的文化氛围,感染并且通过微妙的方式来规范高职院校学生的行为,促进高职院校学生健康人格的形成。

(七)开放性

作为一种文化模式,高职校园文化的发展、创新是以文化交流、碰撞、浓缩和集成为基础的。高职校园文化是一种不断兼容的吸收构成,不断地渗透着各种社会文化,同时受到广泛的外部文化和文化形式的交流渗透。在社会主义市场经济的背景下,校园文化虽然是高职校园发展的产物,但它始终与社会文化密不可分。校园文化是一个开放的系统,它打破了以往封闭的教育体系和模式,在学校与学校之间、社会与学校之间以及各领域之间自由发展,同时在各个层次上得到开发延展。开放是一所高职院校的文化态度和价值理念,是向社会开放、向世界开放、向时代开放,使校园成为各种优秀的文化中心,使得多种优秀的文化融合、繁荣,从而使得高职校园文化回归其本质,成为一种自然而然的生态文化。这种开放是保持高职校园文化相对独立性的基础,吸收了有利于高职校园文化建设的各种因素。传承和弘扬中华民族优秀文化传统,大胆批判并吸收世界先进文化,不断超越自我、实现创新,吸收与排斥的过程本身就是校园文化创新的表现。

(八)时代性

历史唯物主义认为文化是人类社会活动的产物,它的形成和发展是一个长期的历史过程。任何文化都深深铭刻在其所处的时代,反映了时代的本质和时代的发展。高职校园文化不是生活在真空中,总是在一定的社会环境中形成和发展,不可避免地受到社会文化环境的影响,并且在一定时代的政治、经济、教育和社会结构的限制下,文化、时尚往往反映了统治阶级的意志与其对社会的需求。校园文化往往是时代的"晴雨表",具有鲜明的时代特征,反映了时代精神。在当今时代,高质量的高职校园文化的时代特征应包括两个方面:一是内容,高职校园文化应在社会主义先进文化的指导下高唱时代主题,与时俱进;二是不断创新其形式,如在互联网时代,博客、微博、微信等成为深受高职生欢迎的传递信息的方法和手段,充满了现代气息。

(九)高品位性

高职校园文化先进、创新、开放的时代特征,揭示了高职校园文化拥有其他类型文化所不具备的高品位性。首先,它反映在校园文化的主要活动、教学和科学研究上面。突出表现在以下几个方面:第一,参与主体主要是高职教师和学生,一般具有丰富的文化水平,知识、思想、学术研究能力、道德审美能力及理性水平较高;第二,高职拥有丰富的资源,比如丰富的书籍和先进的实验室仪器、设备、长期积累的研究经验和成果;第三,许多学院和高职院校,尤其是重点高职院校,在培养高质量的人才过程中拥有相当比例的教学和研究活动,处于国内、国际先进水平。

其次,它体现在高规格和高质量的培训中。高职院校的一个重要使命是用最经济、最直接、最有效的方法,利用所发明的人类智慧,使普通人成为优秀的专业人士。可见,高职院校的最首要任务及重点工作是培养高标准、高质量的人才,虽然随着高职院校的扩招,我国高等教育从精英普遍到大众,但培养高质量的人才仍是高职院校的重要任务,这些都不断地提高了高职校园文化的品位。

最后,它体现在高职校园文化的内容和方向上。开放的高职校园文化能够汲取各家之所长,吸收中外文化的精华,继承和发扬中华民族的优良传统文化,丰富多彩的内容使得高职校园文化不断提高其价值理念,升华了自身的精神状态,同时反映了其高质量、多功能的高品位性。与此同时,高职校园文化的时代性决定了它必须站在时代的制高点,反映时代的要求,弘扬时代的主流文化。在我国,当前的主流文化是以马克思主义作为具有中国特色的先进社会主义文化发展方向的主要指导思想,先进的文化意味着高品位的文化,这体现了高职校园文化的导向性。

第三节　校园文化的育人功能

高职院校是优秀文化传承的载体和思想文化创新的摇篮,在提高国家文化软实力、实现中华民族伟大复兴的征程中不断发挥重要影响力。作为文化自信的践行者、引领者和承载者,高职院校应始终把文化作为立校传承与发展创新的重要根基。"以文化人、以文育人"不仅是一个时代命题,也是高职院校落实加强和改进新形势下思想政治工作战略任务的关键内容。高职院校应当做到因事而化、因时而进、因势而新,一方面充分挖掘、传承和弘扬学校的校训、文化传统和学校精神;另一方面也要把"文化引领""文化荣校""文化服务"等作为学校"双一流"建设的重要策略,坚持社会主义办学方向,培育和践行社会主义核心价值观,不断增强师生的责任感、使命意识和担当精神,用独具特色的学校精神和文化创新引领学校发展与社会进步。

一、校园文化育人的要素

文化是一个民族的血脉,是民族和人民的精神家园。文化无形胜有形,人们从文化中汲取养分,人同文化的关系就如同鱼和水的关系,互相促进、密不可分,鱼只有离开了水才能感受到水的重要性,文化觉悟就是从这时候开始的。文化会随着社会物质生产的发展而发展,健康向上的文化都是伴随继承人们文化遗产和社会实践的基础上创造发展起来的。随着人们物质条件的提高,当达到较高的水平时,人们对精神和文化的渴望更为迫切,人们对文化的认识逐渐深化。随着社会的发展,高职院校和高职校园文化开始引起人们的关注。

(一)校园文化育人的重要性

校园文化是学校特有的文化现象,在一所学校长期的教育实践中创造并积淀下来的则是全校师生所认同的价值观念、目标追求和行为方式,一般分为理念层面、制度层面和物质层面。理念层面的校园文化是校园文化的核心,反映学校的理想信念和价值追求,是校园文化的精神和灵魂,也是制度文化和物质文化的思想基础;制度层面是校园文化的具体物化,是广大师生员工所公认或者必须遵守的规章制度和行为准则;物质层面是校园文化的外在表现,通过制度文化规范不断提炼、不断融合,将理念文化展现出来。校园文化是从长期的实践活动中累积的,校园文化是高职院校得以生存和发展的重要根基,是历经自身积淀并具有高职院校专属特征的一种文化形态,是在对社会文化不断分辨、吸收汲取的基础上融入高职院校意志,并以独特观念的形态呈现的文化现象。校园文化是各所高职院校互相区别的重要标志,具有专有性、稳定性、标志性、延续性,是一所高职院校的灵魂。同时,校园文化作为国家整体文化的重要组成部分,也是一个国家、一个民族整体文化的命脉,是社会文化发展的"指南针",能真实地折射出社会文化的整体发展进程。同时它更是社会文化的"助推器",在参与社会文化的传承、创新、传播、发展过程中需要扮演更加重要的角色。

  高职院校是优秀文化传承和思想文化创新的重要组成元素,它承担着引领社会先进文化、推动人类文明进步的重要使命。良好的校园文化不仅可以增强高职院校德育工作的针对性和实效性,而且对培育中国特色社会主义事业的合格建设者和可靠接班人具有重要且深远的意义。积极向上的校园文化活动能够提升校园文明程度,引导高职院校学生勤学、修德、明辨、笃实。校园文化建设的宗旨是提高高职院校学生的综合素质,创建以人为本的和谐校园文化环境。

  育人功能主要体现在校园文化不但能使置身其中的广大师生在生活、学习等各方面都得到熏陶和感染,引导他们建立符合时代社会要求的价值观,还可以规范师生的思想和行为方式。首先,与高职院校日常教学实践活动强调"灌输性"不同,校园文化的教育功能更多表现为它的隐蔽性、人文性、暗示性和渗透性。校园文化能够使生活、学习、工作中的人员在不知不觉中接受教育,并内化成风尚、习惯、规范,从而带上校园文化的印记。其次,与校园文化的社会性功能和情感性功能相比较而言,育人功能虽然在一定程度上也表现出对学生社会化和个体情感化的关注,但它更多强调的是"文化育人"的精神文化氛围。好的校园文化可以促进学生成长进步,同时也使教师教学科研和职工工作有了良好的外部条件;同时,在高职院校师生的心理意识、行为观念的形成和发展过程中也承担着重要功能,如聚合、导向、娱乐和育人等,其中育人功能是核心。高职院校以育人为本,育人是高职院校的最根本功能,既是高职院校的固有属性,也是高职院校存在的定律,若脱离了育人,高职院校就不能称其为高职院校。虽然校园文化的其他功能也都表现出育人的特点,但"育人"要义不只在于让学生掌握一门专业知识和技能,更重要的是在掌握知识的过程中让学生学会做人做事,提升其文明素养和个人修养,做一个全面发展、身心健康的人。

  高职院校的根本使命是培养人才,高职院校的每一项工作都与人才培养质量密不可分。作为高级人才培养主阵地的高等教育,理应以社会对人才的需求为出发点,探索和构建相应的人才培养模式,促使高职院校毕业生高质量地充分就业。显然,为构建适合人才培养而形成的校园文化就显得尤其重要,特别是在高职教育日益普及的今天,繁荣发展校园文化对于人们不断创新的教育模式和优化育人环境势在必行,而大力推进素质教育,全面提高高职院校教育工作的针对性和实效性也将对社会主义建设事业培养和输送高素质人才、推进社会文明进步等方面具有重大意义。要充分认识高职校园文化的育人功能,努力建设具有时代特征和富有特色的校园文化,不断满足社会经济发展的需要和国家对创新拔尖人才的需要,不断满足人民群众日益增长的物质文化精神的需求,培养高素质的创新人才,高度重视校园文化建设,充分发挥校园文化的育人功能,促进教育质量不断提高,培养出更多高素质的创新人才。

(二)校园文化育人的表现

高职院校文化是由相关要素关联构成,其中包括高职院校理念、高职院校精神、高职院校价值追求、高职院校制度和高职院校环境在内的一切文化要素,这些构成了校园文化的生态系统。总体上说,校园文化承担着为社会大文化建设培养德、智、体、美、劳全面发展人才的历史重任,潜移默化地影响着身处其中的学子们。将这些因素概括起来,无外乎高职校园文化因受不同群体价值取向的内在支配而趋向分散化和多元化。随着社会的进步,高职校园文化的表现形式可以从两个方面来进行阐述,一是从精神层面来建设"无形"文化;二是从行为、物质、制度层面来建设"有形"文化。具体来说,高职校园文化就是指生活在高职院校中的教育者、受教育者及行政人员等在长期实践办学中逐步体现出的具有学校特色的物质文明和精神文明。校园文化应当包括优美的校园环境、科学的管理制度、良好的校园风气以及丰富多彩的文化活动。这就要求一所高职院校要有整体并合理的科学规划,建设有完备的基础设施、存在着蕴含高职院校精神的人文景观以及满足广大师生所需的服务设施,并且还要总结凝练出自身的办学特色、科学的管理制度、浓厚的学术氛围以及独具特色的校园文化活动。

高职校园文化建设可以说是一项庞大的系统工程,在构成校园文化的物质、制度、行为、精神等多个要素层面上形成了自己的文化,已经成为各高职院校努力探索和追求的目标,也是各高职院校打造教育品牌、塑造独特形象、形成竞争力的基本途径。

1. 高职校园物质文化

校园物质文化是高职校园中的显性文化,它主要是将各类实体的存在表现成一种文化形式,既是高职校园精神文化活动的重要物质载体,也是高职校园文化的重要外在表现。

第一,校园特色物质文化建设要进行科学合理的规划。高职院校的物质文化尤其是校园环境对师生审美情趣、道德情操具有潜移默化的影响,很多高职院校在修建之时,仅仅重视基本保障,很少高职院校对自己的物质文化特色进行深入的考察和论证。物质文化的建设既要从宏观入手,体现整体建设的一致性,也要注重对学校沉淀的历史文化加以体现。

第二,高职院校在办学实践中,由于时代、条件、背景、目的的不同,每所校园物质文化建设都会拥有不同的特色,折射出当时所追求的精神风貌和理想信念,而那些保存至今的建筑物也成了高职院校人员奋斗的历史见证。因此,在高职院校物质文化建设中更是要将一所高职院校的历史烙印深深地刻在物质文化建设中。

第三,要正确处理好一所高职院校的行业属性。高职院校的有些本身属性可以以物化的表现形式加以展现,这种具有高职院校属性的物质文化建设可以分为基础型和本质型两种。基础型物质文化指伴随着高职院校的发展需求而去调整的物质文化,可以概括为实验设施、操作模型、网络系统、专业前沿刊物等。本质型物质文化是指高职校园物质文化中体现的优势属性,它无论在形式上还是内容上都能够充分体现一所高职院校的优势学科,并在较长时间保持稳定的校园物质文化。这种具有高职院校优势属性的物质文化建设体现了高职院校的办学目的和意义,是最直接最可靠的"物化育人手段"。

第四,网络媒体是一种新兴的文化平台,它现在已经成为21世纪高职生生活的重要部分,时刻在改变和影响着学生思想、道德和文化理念、文化认同等方面。高职院校网络文化建设应以引领校园办学理念为宗旨,以占领和开拓网络文化建设主阵地为主要模式,将教育、管理、服务、实践四大功能融为一体,通过网络平台,展示学校风貌,更深层次地挖掘校园文化,实现全面育人。

2. 高职校园制度文化

高职院校制度是一个内容丰富、结构复杂的体系,行政管理体制是学校制度的核心,决定和制约着其他制度,它是维系高等院校正常秩序中不可缺少的重要保障机制。在长期的办学实践中,科学的制度会继续传承下去,而不合科学时宜的制度则会被剔除、改造或创新,形成较为完整的管理体制。高职院校制度建立在国家相关的法律法规、国家制定的方针政策以及地方政府与教育部门的规定基础之上,在确立过程中,有效地结合自身发展过程中的经验或借鉴其他高职院校制度的合理成分,它的建立主要是为了约束、规范和保护校园成员的行为与利益,以维护高职生日常的学习和生活,这些制度是学校组织和管理活动行使职权的依据。只有有据可依、有章可循,校园中的一切学习、生活和工作才能杂而不乱、井然有序。高职院校制度文化建设是一项复杂的系统工程,它体现了高职院校管理者的价值取向、信仰追求。

第一,保障高职院校有序运行的高职院校章程。科学的制度保障对高职校园文化建设具有统领作用,而高职院校章程必然是高职院校制度文化建设的重要组成部分,它对学校其他制度建设起到统领性作用,它是高职院校办学的纲领性文件,是高职院校精神文化的必然产物。对高职院校章程的制定首先是要解决一所高职的办学定位,真正能回答"怎样建设一所高职院校,建设一个什么样高职院校"的基本问题。其次,要彰显学校行业特色学科建设与发展机制,加强学科建设是提升高职院校核心竞争力的根本着力点。最后,探索建立个性化人才培养机制。高职院校组织管理制度的制定是高职院校特色制度文化建设的重要途径,它既是对学校愿景、办学特色的凝练,也是整合办学资源、落实发展措施的重要手段,它既能增强学校对师生员工的约束力、吸引力、凝聚力,又能增强师生员工对社会文化的自控力和辨别力。

第二,探索一系列管理制度文化建设。首先是教学制度文化建设,教学工作是高职院校的中心工作,要充分调动教与学两个方面的积极性,遵循"导向性、自我约束力和人性化",创设出科学严谨的教学层面的制度文化。其次是科研制度文化建设,在认真研究学科发展规律、科研人才成长规律的基础上,构建长效性体系、评价指标体系和制度体系。最后是人事制度文化建设,根据不同的办学特色和不同职称的教师,制定出符合职业发展规律的考核体系和培养选拔模式以及学生管理制度文化建设、实验室制度文化建设等。

第三,核心是广高职生的德育教育。以学生为本是制度文化建设的第一要素,首先紧抓高职人才培养方案的制订,使学生的培养更符合社会需要和人才培养机制,其次,将德育、智育与美育等有机结合起来,以校园文化引导高职生立言立行,做到内化于心,外化于行。在制度文化建设中更应该倡导以德立校、依法治校,从制度到实践促成道德内化。

3.高职校园行为文化

高职院校行为文化是高职院校作为一个组织存在的文化根基,是高职院校的核心竞争力,它具有吸引力和开拓力的特性,是建设校园文化的活力之源,亦是一种可以潜移默化影响学生的教育力量。

第一,教师的榜样力量。高职校园行为文化是推进校园文化建设的主要载体,教师是主导,学生是主体。正所谓"亲其师,信其道",高职教师的人格魅力、信仰的坚定、渊博的知识使学生对教师产生敬佩感、依赖感、亲切感和信任感。学生会把对教师的这种认同带到自己的学习生活中去,以此对学校的规章制度、校风、学风产生强烈的认同感,从而激发依赖感、归属感和荣誉感,对学校产生热爱,从榜样力量激励学生渴求知识、探寻真理的欲望。

第二,学生社团是高职校园文化的主要表现形式。社团活动是课堂教育的补充和延伸,它在塑造高职生健康人格方面扮演着重要的角色。学生社团活动为高职校园带来无限生机。通过参加社团活动,学生会发现自己课程以外的学术兴趣和才华。参加社团文化活动是高职院校学生进行自我学习和进步的良好渠道,在社团活动中,有些活动是在教师的指导下开展的,教师在学识、人格方面的魅力也会对学生产生潜移默化的影响。在参与活动中学生不仅能够明确自己的爱好和特长,也会在活动中相互帮助和激励,促进学生人际交往能力的提高的同时也有助于学生人格的完善和发展,从而树立正确的价值观。参加学术型社团活动可以培养高职生的创新精神和实践能力,实用型的社团活动可以帮助高职生弥补知识和能力的缺陷,完善学生多方面立体型的知识结构,娱乐型社团活动能帮助学生缓解其内心的紧张情绪,从而使机体得以平衡,缓和学生存在的不良困惑和压抑,帮助其恢复正常的情绪和情感状态。

4.高职校园精神文化

高职校园精神文化主要是指学校在长期办学过程中形成的文化观念。

第一,一所高职院校的文化传统、精神氛围、理想追求、人文气象是最具凝聚力、向心力和生命力的,是一所高职院校最具特色的标志。高职院校精神的提炼既是历史传承的积淀,同时也是现实的积累和创造,它包含着哲学思辨、精神倡导、价值取向、理论导向、舆论引领等多重文化内容,是一所高职院校的精神支撑和力量源泉。高职院校精神具有一所学校特有的精神力量,它的内涵和特征是几代高职人价值体系的凝练,对高职院校的办学方向起着导向作用。因此,高职院校精神是一所高职院校校园文化的核心,而高职校园文化直接体现着一所高职院校的高职院校精神。高职校园文化是出现在高职校园里的一种文化现象,它以高职院校精神为核心和导向,在高职院校的发展积淀过程中逐渐形成高职院校思想。如果没有高职院校精神的引领和支撑,那么高职校园文化建设就会失去目标,偏离正确的发展方向。

第二,校风、校训代表的是一所高职院校的形象,是高职院校精神的显性标志。高职院校精神往往凝练在校训里,体现在校风中。高职院校精神最具生命力,体现了高职的办学理念。高职院校精神一经形成,跟高职院校文化一样具有相对的稳定性、较强的融合性和渗透性,是高职发展的底蕴所在。校风是一所高职院校全体师生员工行为规范和精神风貌的集中体现,对校内人员具有强大的同化力、感染力和约束力。校风主要包括教师的教风、学生的学风和管理与服务人员的工作作风,一所高职院校的校风秉承的是高职院校精神。校训是高职院校精神的凝练,是对一所高职院校办学理念、人才培养目标和精神文化的高度概括。高职院校校训的内涵不仅应体现学校的历史传统,也应符合现代高职院校精神的追求,能被校园人所普遍认同,并成为他们共同的文化自觉和精神追求。言简意赅、独具特色的校训是一所高职院校鲜明个性特征的体现,是高职院校精神的凝练,对学生具有很强的教育意义。

5. 高职校园生态文化

高职院校中生态文化不仅是一所高职院校的建筑、道路、花草树木等,而更多的是这所高职院校所包含的历史、文化与内涵,这些抽象精神通过具象的建筑、景观及环境表现出来,形成独一无二的赋有深意的校园生态文化。如果给校园生态文化下一个定义的话,它应该是指教师、学生和管理者在作用于校园和与之相关的社会环境的过程中共同传承和创造的精神成果的总和。它能直接反映师生的思想观念、价值取向、团体意识、群体形态和行为体系。校园生态文化的表现形式是上述四种文化相互协作的结果。

第一,物质文化。世界是物质多样性的统一,物质决定精神,精神反作用于物质。从本体论的意义上讲,物质是本原,是第一性的,而精神是派生的,是第二性的。体现在高职校园生态中,物质系统仍然是第一性的,决定了文化系统。但是,高职校园生态系统不是天然自然,而是人工自然,学校对于校园环境的改变,校园主体的影响等,都使得高职校园生态具有了"人化"的特性。例如,教学楼本身虽然是砖瓦构造,但是其设计和完成都要经过人的实践,从这个角度来说,教学楼不再是单纯的物质,而是物质文化的象征,这其实也是中国传统文化中的"天人合一"。

第二,精神文化。与物质文化对应的自然是精神文化,其中既包括了高职院校的传统、高职院校的精神、学术文化等主流文化,也包括了网络文化等亚文化。精神文化本身是封闭与开放、一般与特殊、内部与外部的统一。这是因为由于时空限制,精神文化是以高职校园作为基本活动范围的,但是由于校园的开放性,就会与社会文化发生碰撞。社会文化作为强势文化,会在很大程度上影响校园精神文化的变迁。但是,由于精神文化在特定时空中具有排他性和主导性,又能保持自身的相对独立性。

第三,制度文化。从概念上讲,制度文化是指在高职发展的历史进程中校园主体共同遵守的办事规程和行为准则,以实现资源优化和效益最大化。高职校园生态系统内部结构的存在,运行程序和外部功能等都需要通过制度的形式予以明确,但是制度的存在并不意味着效用的发挥,需要校园主体去制定、修改、完善、执行和反馈。制度文化的形成会促进物质文化和校园文化的发展,最终实现高职校园生态系统的平衡和发展,具有保障性的作用。同时,制度并不是完全意义上的主观建构,而是"合规律性"与"合目的性"的统一。

第四,行为文化。行为就是人们日常生活中所表现出来的一切活动的总和。按照行为主义的观点,行为与思想之间是派生与本源的关系,通过行为判断思想是完全可能的。在校园里,学生的道德素质和学术修养等都是通过行为来展现。行为文化是高职院校管理者判断学生基本情况的调查表,是连接现象学意义上的认识与认识对象的枢纽。

这四种文化之间常常是互相依赖、互相影响、互相制约和相互统一的,他们共同构成了高职校园生态文化。

二、校园文化育人的机理

(一)校园文化的育人内涵

校园文化是高职院校育人的软实力,校园文化不仅体现在教书育人、传道授业,更体现在营造学校的文化氛围、积累文化底蕴使其影响学生的道德修为、精神面貌,进而影响整个社会的道德风尚和文化氛围。新形势下,社会多元思潮剧烈冲击着学生的思想与心灵,校园文化育人面临全新的挑战与机遇,需要对校园文化育人的内涵有更深刻的把握,才能有力提升校园文化育人的质量与水平。

1. 培育精神文化,实现文化认同

高职院校的精神文化是高职院校文化的核心内容,是高职院校发展历程中积淀下来的宝贵财富,是高职院校社会声誉的突出体现,更是彰显高职院校特色的旗帜象征。在培育高职院校精神文化的过程中,重在实现凝聚广大师生思想意识的文化认同,使全体师生形成共有的价值观念、理想追求、心理素养、道德修为、思考方式、行为准则等精神层面的价值取向。在多元化思潮的背景下,高职院校要进一步明确精神文化的内涵,积极宣传文化特色,创立自身的精神文化品牌,以学生喜闻乐见的活动为载体,传播精神文化的育人理念。高职院校一方面要明确社会主义核心价值观的内涵,将其内化为学校精神文化的一部分,注重校园诚信和学术规范的建设,另一方面要提炼出特色精神文化的精髓,如校训、校歌、校徽、校旗、校史等,将学校的办学理念和特色文化与时代背景相结合,进一步明确学校的发展定位,展现出学校富有朝气的精神文化。

2. 丰富物质文化,实现文化熏陶

与精神文化相对的物质文化是指为了满足学生学习、生活、成长等方面的需求所创造出的物质产物和文化氛围,物质文化不仅是高职院校文化的外在体现,还是弘扬精神文化的重要保障。丰富物质文化的目的在于以优美的文化环境、良好的文化氛围,为学生的成长成才提供物质基础,为精神文化的传承与积淀提供物质载体,为师生学习、生活、工作提供文化熏陶的环境。物质文化体现在学校的建筑风格、基础设施、图书资料、仪器设备、雕塑盆景、地标建筑、广播报刊、网站论坛等,通过校园环境、人文景观的建设,让学生感受到学校独特的文化风格,营造独特的校园文化氛围。新形势下,新媒体在学生群体中的广泛普及使物质文化外延到网络平台,学校的网络社区、自媒体、网络公共平台作为学校文化氛围的组成部分,承担着愈加重要的文化熏陶功能,学校必须注重网络新媒体平台文化的建设,为网络平台的运营提供物质上的支持和保障,更多地深入师生生活,宣传精神文化,使学生在接受网络信息的同时,接受校园文化的熏陶。

3. 建立制度文化,实现文化引导

高职院校的制度文化是指维系高职院校运行周转、指导学生行为规范的政策、制度、法律等规则体系。高职院校的运营不仅需要坚实的物质基础,还需要严格的制度管理,高职校园文化影响着高职院校制度的形成,制度的背后是文化使然,制度是文化的体现,反过来制度也是传播、创造精神文化的重要保障,要维系一个组织高效、有序、规范地运行,必须有一个合理的制度体系做监督引导。学校的制度文化存在于学校的高职院校章程、管理规定、仪式活动、教育形式等各个方面,深入学生会、社团、班级、团支部等学生组织,通过对学生行为的规范、制约正确引导学生的思想思维、行为准则,进而激发学生高尚的情感和道德,养成良好的行为习惯,达到以制度文化育人的目的。

4. 加强行为文化,实现文化育人

校园行为文化是校园活动主体在实践活动中学生表现出来的各种行为方式,是学校中各个成员参与教学过程中所实施的各种行为,是一所高职院校精神风貌、校园文化和办学理念最直接的外在表现;同时,校园行为文化还集中体现了一所高职院校的校风、学风、干群关系及师生关系。高职院校行为文化是置身于现代社会文化大背景中的一种具有自身鲜明特色的亚文化,除具有多样性、发展性、传承性等社会文化的一般属性外,还具备先进性、规定性、教化性、辐射性等特征。

高职院校作为传承文化和创新文化的场所,它的行为决定了传承和创新的理念,而一所高职院校的办学理念又必然会规定一所高职院校的办学行为和教师的教学行为。因此,强化高职院校行为文化建设,树立良好的高职院校的形象,强化高职院校教职员工行为文化规范,要求其在各方面作表率,可以不断推进高职院校教学组织工作创新与创优,从而树立高职院校良好的社会形象。总之,加强校园文化建设,使整个校园文化形成不仅是课外的校园文化活动,更要把握加强人文文化建设的本质,从教学、科研、管理、人才培养等方面的发展方向,营造的全方位文化育人环境。

5. 改善生态文化,实现文化发展

生态文化建立在人类对可持续发展的认同的基础上是人类历史发展的选择和结果,学校教育的文化观应面对这种新形势,调整教育环境中的各种生态因子和教育对象的生理环境,即建立新的生态文化观。为此,一是要抓好学生生态知识的普及工作,利用校园宣传、网络服务、课堂教育、党团活动、社会实践等形式,开展生态知识普及活动,使学生在学习科学和人文知识中充分认识生态发展的规律,提高对生态发展的理解。二是要充分利用高职院校科研优势创造先进的生态文化。高职院校在理论的探索方面有很大的优势,应组织相关人员加强对生态文明相关问题的研究,或从生态发展的角度考虑科技的创新,并把理论研究成果或科技成果回馈于社会,直接或间接推进生态文明进程。这对于学生来说,不仅能直接分享教师的研究成果,更能使他们切身感受社会对生态文化的认同程度,有利于生态文化观的形成。

校园环境既是校园文化的外在显现,又是精神文化的载体。良好的校园布局、建筑风格、绿化美化以及环境中蕴含的人文气息,是无声的育人方式,对陶冶情操、启迪智慧、积淀高雅的校园文化有着潜移默化的作用。为此,高职院校要充分发挥自己的优势,使校园物质设施成为表现和传递文化的物质载体。建筑群体及其环境不仅要整体和谐、功能合理、简洁明快、充分体现人与自然的和谐统一,而且要赋予校园内包括楼堂馆所、花草树木等在内的建筑、设施和环境以丰富的文化内涵,让校园的每个角落都充满高职院校的历史荣耀,不俗的意志品格和高等学府特有的庄严、肃穆和凝重,处处展现出现代高职院校的科学、文明和进步,充分发挥校园环境陶冶情操、修身养性之功能。

(二)校园文化的育人维度

高职院校是知识和文化传播的殿堂,推动着我国知识经济的形成和发展,肩负着为我国社会主义现代化建设培养德才兼备全面发展人才的重任。高职校园文化一方面指引着人的全面发展,同时又给他们提供巨大的舞台促进其发展。一方面,高职校园文化是在各类积极意义的文化基础之上融汇而成的。高职校园个体能够根据社会的发展要求,顺应时代发展的主旋律,依据整体的教育目标,确立一定的价值目标体系和行为方式,形成一定的文化氛围,对校园个体起到一定的指引和熏陶作用。高职生可以在这样的条件下,选择适合自己的价值目标、生活方式,从而塑造自身的人格。反过来,校园个体是高职校园文化的创造者、参与者和享受者,他们能够根据自己的兴趣、特长和需求,通过参加各类丰富多彩的校园文化活动,发现自己,证明自己、塑造自己,从而完善和发展自己,高职院校为学生的全面发展提供了一个巨大的舞台。高职校园文化是一种高层次的文化,它有着多层次的内容。因此,校园文化的育人维度也是多方面的。

1. 塑造品格

一是从物质文化建设方面来说,学校的教室、文化娱乐场所、实验室和宿舍等各类场所都是为校园个体所服务的,都是为实现教育这个根本目标而服务的,充分体现了其教育服务功能。比如学校的图书馆,它是知识的宝库、是知识的殿堂,环境优雅,有利于师生读书。一些国内知名院校的雕塑、极具特色的校园纪念馆、名人故居等都体现了这些院校的历史文化传统、教育目标和成就,无一例外地激励着后人不断向前辈们学习,创造更加辉煌的成绩。

二是从精神文化建设方面来说,学校的各项管理规章制度以及校风、学风建设等教育作用更显而易见、更直接、更深刻。学校的各项管理规章制度是学校进行办学的有力保证,这些制度规定了学生在学习和生活的各个方面和各个环节的要求。这些管理规章制度都蕴含了学校深刻的教育制度文化。如果说学校的各项规章制度是有形的力量,那么校风和学风就是一种无形的力量。校风和学风一旦形成,对每个校园中的个体都会起着一定的导向、约束和激励的作用,这是一种无形的教育工作和教育力量。

2. 思想修养

首先,思想引领表现在陶冶学生的情操方面。学校优美的校园环境,如诗如画的校园风光,布局合理的校舍建筑,积极健康的教育教学设施,整齐干净的道路等无一例外地将带给学生巨大的精神力量。学生在良好的校园文化的感染和熏陶下,由美生爱,从而产生热爱母校、热爱家乡、热爱祖国的优良品德。学生在优美幽静的环境下学习,舒心怡神,从而有利于增强他们的环境保护意识。积极健康的校园文化对消极文化也有很好的抵制作用,能够帮助学生形成良好的世界观、人生观和价值观。

其次,思想引领表现为培养学生的集体意识和团结合作的精神,校园文化是以学校为单位的,学校是一个集体,这就要求学生要注重学校的集体形象,要正确地处理好集体利益和个人利益的关系,坚持集体主义原则,注重彼此间的相互协作,不然就会受到来自集体的人际压力。不论是自身发展的需要还是外部环境的压力,都要求学生要正确地处理好集体和个人的关系,牢固树立集体意识和团结协作的精神;反过来,一个团结友好的集体也会使学生感受到集体的温暖,深刻意识到集体力量的强大,从而树立起集体主义的思想和观念。

最后,思想引领表现为培养学生的健康个性和健康心理。青年学生都追求多姿多彩的精神生活,并且每个人的业余爱好是不同的。校园文化的内容是丰富多彩的,这就满足了学生精神需求的多样化和个性化,避免了单一化的倾向。同时也有助于那些个性突出的学生找到适合自身的精神生活,并在其中看到自己的价值,激发他们的主动性和积极性,树立一个积极健康的自我形象。当代青年学生的适应能力较差,多姿多彩的校园文化有利于培养学生的心理适应能力。学生在优美的校园环境下能够放松心情,有利于增强他们的进取心。丰富多彩的校园文化活动还可以扩大高职院校学生的交际圈,帮助那些孤僻内向的学生打开心窗,找到知心朋友。学生沉浸在欢乐的校园文化活动中,可以忘却那些不愉快的事情,从而帮助学生培养健康的心理。

3. 行为规范养成

置身校园文化中的师生不仅受到了文化感染、熏陶和教育,同时思想观念、价值判断、道德行为也会受到校园文化的规范和制约这种规范和约束是通过学校长期以来形成的制度文化、共同认同的道德规范以及优良的精神文化传统来影响个体,对师生员工的行为具有广泛的约束力。学校健全的规章制度以及在此基础上形成的校园制度文化都是规范高职院校学生行为的外力,而校园中的集体舆论、道德规范则是高职院校学生彼此约束的内力。学校严格的规章制度和健康的集体舆论对学生的言行举止具有规范导向作用。当学生的某些言行举止不符合学校的规章制度和集体舆论的要求时,学生便会进行自我调节和矫正,从而尽可能地去达到要求。

此外,教师作为与学生接触最多的高职院校主体、教育主体,他们的行为准则、职业道德的遵守,对高职校园具有重要的示范作用,不仅是学生学习的榜样,也是一所高职院校有效运行、不断发展的保证。良好的校园文化所包含的学校优良传统和文明习惯,都对师生的行为养成起到促进作用。

4. 实践教育

对于学生来讲,高职院校是他们生理、智力发展的黄金时期,是他们获得独立于社会能力、取得社会活动资格的极为重要的阶段。能力培养功能主要是指培养学生适应社会的各种能力的功能,帮助他们学会各种适应社会生存的规范、知识、能力及生活方式等,从而使各方面得到协调发展,与社会之间达到一种平衡有序的稳定状态。

首先,高职校园文化能够帮助学生掌握适应社会的各种知识技能。为了进一步达到素质教育的要求,我国很多高职院校相继进行了一系列的课程体系改革,突破了以往狭隘的学科局限性,拓展学生们的理论视野,培养学生以多维视野去观察社会中复杂多变问题的能力。最重要的是,理论与实践有机地结合起来,真正地做到理论联系实际,帮助学生理解、掌握并且学会运用知识。只有通过实践,学生才能够切身体会到教师在课堂里所讲的许多道理。在这些活动中,学生可以逐渐提升自我管理的能力,也可以增强其自主、自立、自信和自强的意识,提高其独立生活的能力和进行社会活动的能力,改变了以往他们只与书本打交道的状况,为他们将来走向工作岗位奠定了良好的基础。

其次,高职校园文化能够帮助学生掌握社会行为规范。高职生在走向社会、走向工作岗位之前,必须努力让自己学会特定角色的社会行为规范,只有这样,才能尽可能地缩短社会适应期。而要掌握特定角色的社会行为规范,就要真正地践行这个特定社会角色。校园文化开展了丰富多彩的校园文化活动,学生可以在其中演习如何适应社会,并且逐渐认同并践行该社会角色的行为规范和价值理念。在校园文化活动中,学生通过演绎不同的社会角色,逐渐积累各种不同的社会角色经验,对他们将来担当起正式的社会角色起着非常重要的作用。在校园文化活动中,学生可以认识自己可能的前景,并且设计自己所期望的人格特征。与此同时,学生彼此之间还可以进行相互监督和相互促进,这对于他们掌握社会行为规范方面有着极其重要的作用。

最后,高职校园文化能够帮助学生把个性发展和时代使命联系起来,将时代使命内化为自我意识。高职院校在培养学生创新精神的同时,还应当注重学生个性的发展,也就是要处理好学生的个性发展和社会责任的关系。学生在高职院校阶段其生理、心理都有着自己的独特特点,高职院校这一阶段是学生成长的关键时期,是他们人生观和价值观确立并且稳定的关键阶段。高职校园文化的培养目标具有明确的指向性,使得高职院校学生能够按照社会的要求去认识和发展自己,使得他们能够更加理解将来所从事行业的社会意义,增强他们的社会责任感,在心理和行为上与所处的社会氛围达成一定程度的和谐平衡,更加清醒地认识历史使命和现实责任。学生能够把自身的个性发展与整个社会、所处的时代要求统一起来,这是多方面努力的结果,但毋庸置疑的是,校园文化在其中起到了不可磨灭的作用。

(三)校园文化的育人途径

校园文化不仅是课堂教学的必要补充和延伸,而且是坚持用社会主义思想占领学校思想文化阵地的重要形式,从一定意义上说,校园文化对于学生素质的形成和提高,促进学生健康成长具有潜移默化的作用。因此,大力加强校园文化建设,积极拓展校园文化建设的渠道和途径,充分发挥校园文化的育人功能,努力把学生培育成为"有理想、有道德、有文化、有纪律"的德智体美等全面发展的社会主义事业建设者和接班人,这是加强高职校园文化建设的根本出发点和落脚点。鉴于校园文化建设是一项系统工程,它的丰富内涵和鲜明特点,决定了其育人途径的多样性,从以往的实践经验来看,育人途径主要表现为以下四个方面。

1. 实践化人

参与实践是文化化人的最佳途径。高职校园文化的化人功能得以实现的关键一步,是高职生将内化了的先进思想外化为积极的行为,只有将外化实现,才真正达到化人的效果。参与社会实践是高职院校培养人才的重要环节,鼓励学生亲身参与实践活动,是实现文化育人的最佳途径。

参加高职校园内的实践活动。高职校园内的文化活动多姿多彩,如高职生艺术节、文化周、运动会、篮球赛、英语演讲赛等,学生根据自己的兴趣来参与活动,挖掘自己潜在的才华。参与校园内的文化活动,不仅能丰富学生的课余生活,提升学生的文化活动层次,更是高职生自我教育、自我成长的良好途径,能不断完善高职生的人格,有助于高职生正确价值观的形成,有利于文化育人产生实效,促进学生全面健康成长。

参加活动校园外的社会实践活动。高职生不仅要"读万卷书",更要"行万里路",走出校园参加社会实践可以认识社会、接触实际,通过直接参加生产劳动,可以锻炼实际操作能力和协作的能力,在实践中成长。例如高职院校寒暑假的社会实践、"三下乡"等活动,为学生提供锻炼的机会是学生了解社会的平台,能满足学生锻炼自我、提升自己的需求,学生实现自我认可。志愿者服务活动是文化育人的重要途径,也是对高职生进行思想政治教育的新方式,是实现文化"化人"的有效载体,高职生志愿服务工作已成为文化育人工作中不可或缺的重要环节。

2. 优化校园物质文化环境

高职院校要创建形象美好、寓意深刻的校园物质文化,就要善于发挥好管理者、教育者、学习者的积极性,并组织好、协调好学校各方面的力量。这是因为美好的校园物质文化对人产生持久的、潜移默化的教育影响,引起人们思想感情、审美观念的变化,特别是师生自己动手美化的校园,更值得人们爱护与珍惜,这是教育中最微妙的要素之一。

一是树立好校园标志性建筑。校园标志性建筑是展示高职院校的办学历史和办学理念,体现师生文化观念和审美追求,它是校园建筑布局的灵魂,也是最能反映一所高职院校的人文关怀和科学精神。校园标志物的建设目的是增强师生对学校的归属感、认同感,高职院校在标志物创设的过程中,可以运用视觉设计的手段,通过特定的造型、色彩、内容等设计将学校的办学思想、精神理念、管理特色等融入其中,形成标志物的校园文化。

二是做好校园内部环境的规划。突出特色和美感是校园环境建设的基本要求,校园整体环境设计要力求与学校已有建筑的风格相一致,与校园的自然与人文特色相协调。对校园教学区、科研区及生活区等不同功能区域要进行统一规划设计,校园建筑群要根据师生具体的活动需要进行合理布局,体现鲜明的层次性和对人的满足,目的是形成不同校园主体、不同学科之间的互相交流与高效发展的和谐气氛。为便于高职师生的工作、学习和生活,各功能区域在保持适当距离的基础上,既要相对集中,又要避免相互干扰。

3. 强化校园制度文化育人功能

制度文化是一种对师生生活工作和行为举止具有规范作用的文化，集中体现为学校的规章制度。校园制度文化不仅规定了学校全体师生员工在教学科研管理中应遵守的基本行为准则，在一定程度上也体现了一所学校的办学宗旨和办学特色。它能够通过一定的手段对校园人的思想进行引导，促进师生更好地发展进步。校园制度文化既体现了制度本身所具有的丰富的育人价值，也发挥着校园文化应有的育人功能。

一是注重制度文化的人本性。高职校园制度文化育人的关键是要加强学校各种制度的科学化和人性化，充分尊重高职师生的主体性和自主性，实现全员、全过程、全方位的育人目标，从而使制度文化有效地满足人的全面发展。树立"以人为本"的管理理念。"人本"管理要求学生管理的过程要富有弹性，而不是用硬性的规则去限制学生的个性发展，忽视学生对于实现自身发展的个性诉求。要坚信高职生是能够独立自主地把握自己命运的人，他们应该获得学习的自主和自由，而不应完全听于规章制度。因此，制度文化建设一方面要注重自身的权威性，做到校园主体的各项实践活动都有章可循，即树立"依法治校"的理念，保证学校管理运行的高效性。另一方面，也要突出对师生的人文关怀，维护师生自主、自由工作学习和生活实践的权利，促进师生的全面发展。

二是注重校园文化制度创新。发挥校园制度文化的育人作用，应该坚持校园制度体系的不断创新。任何制度文化都是不完美的，校园规章制度在调节和规范师生行为的实际运行中总表现出局限性和滞后性，使得那些能够促进高职院校发展的制度，在不断变化的现实面前也会过时。高职院校制度文化必须坚持与时俱进，不断完善和创新，促进校园制度文化创新，加强高职校园与社会的联系，这是因为校园文化是社会文化的重要组成部分，而且随着高等教育大众化的不断发展，高职院校越来越成为社会文化的中心。校园文化想要继续保持对社会文化的引领，就不应脱离社会，而应当与社会保持接触，并以自己的实力和声望对重大而紧迫的社会问题、社会现象进行研究，从而对社会可能采取的行动与对策产生影响，同时获得与自身发展变革相关的信息以便对社会的变化做出及时的反应，在与社会其他文化的相互碰撞、相互影响中保持独立性、先进性和科学性。

4. 示范引领高职生行为规范

促进高职生成长成才是高职院校最直接、最根本的目标。而当今的高职生群体普遍存在心智不够成熟、辨别是非能力较差的现实，其行为往往带有自发性特点。这些都严重弱化了校园行为文化的育人功能，鉴于此，高职院校必须通过有效的示范引领，影响高职生思想和行为，以促成在校高职生的成长与进步。

第一，注重发挥教师的示范作用。高职教师是校园文化最重要的行为主体之一，其行为直接体现了校园文化的育人功能。教师对学生的引导、榜样、示范作用影响着校园的行为文化，校园行为文化正是通过教师的言传身教、行为示范达到教育的"不为而成"。高职教师的治学严谨态度、专业素质修养和高尚人格魅力都能够通过言传身教传递给学生，教师在传授知识的同时，他们的世界观、人生观、价值观也会深深地影响学生，对学生树立积极的人生理念和个性品质有重要的导向作用。发挥教师的示范作用就要全面提高教师素质,加强教师师德建设。一个高素质的教师,除了具备广博的知识,更主要的是具备高尚的思想道德素质。在教育实践中,身教重于言教,精神面貌、道德品质和举止言谈都影响着学生的精神状态、道德观念和行为习惯。"学高为师、身正为范",教师的教书和育人相辅相成,对高职生的素质养成同等重要,而德育不仅是教师的工作任务,更应是所有教育工作者的自觉行为。

第二,建设高职院校网络文化活动主阵地。网站主阵地是高职校园网络文化的有效载体,既是对高职生进行思想政治教育的重要场所,也对文化育人起到了示范作用。高职院校网站阵地建设既要有主题网站建设,也要有思想教育、政治教育、学生社团、学生组织以及学生就业、学生服务等建设。此外,针对高职生热衷于社会时政热点及其好奇心和求知欲较强的特点,也要建设相应的满足高职生需求的网站。既可以是专题形式的网站,如学校重要举措工作网站等;也可以是综合性的网站,如校园 BBS 网页论坛等。

第二章

高职院校文化与文化校园建设

第一节　高职院校文化校园的内涵及重要性

一、高职院校文化校园的基本内涵

（一）大学文化的形成

在传统的语境中，人们习惯于用"大学校园文化"来指称大学文化。作为社会文化系统的组成部分，它是大学思想、制度和精神层面的一种过程和氛围，是理想主义者的精神家园，是大学里思想启蒙、人格唤醒和心灵震撼的因素的结合体，是知识、能力人格的升华和结晶，是以全体师生员工为主体，以课内和课外文化思想活动为主要内容，以大学校园为主要空间，以校园精神为主要特征的一种群体文化。它是一种特定的精神和环境氛围，既包括校园建筑风格、景观设计、绿化美化等物化形态的内容，也包括学校的传统、校风、学风、人际关系、集体舆论、心理氛围以及学校的各种规章制度和学校成员在共同活动交往中形成的非明文规范的行为准则，等等。它是大学在长期办学实践的基础上通过历史的积淀、自身的努力和外部环境的影响逐步形成的一种独特的社会文化形态，既是大学精神文化、物质文化、制度文化和环境文化的总和，也是人类先进文化的重要组成部分。它还具有理想性、互动性、渗透性、传承性等特征。

（二）大学文化的属性

大学文化表现为体现学校特色和精神的优良传统、校训校风、人文精神和科学精神等，它虽然看不见也摸不着，但一旦形成，就会建立起自身的行为准则价值取向、生活习惯和规范体系。它可以通过各种文化仪式引导群体成员的行为、心理，使其在潜移默化中接受共同的思想引导情感熏陶、意志磨炼和人格塑造，产生一种巨大的向心力和凝聚力，也可以对学校师生员工起着思想上和行为上的约束作用，使他们自觉地正视道德冲突，解决道德困惑，明辨是非界限。它的形成传播和发展充满着创造活力和创新精神，能激励学生探索奥秘、增加求知的自觉性和解惑的主动性，促进大学生创新能力的培养。

二、从校园文化走向文化校园

所谓文化校园是近几年来在现代大学建设过程中形成的一个全新的理念，在某程度上它以校园文化建设研究为基础，但又与校园文化概念存在着本质的区别。仅仅从词性上分析，校园文化是名词，文化校园是动词。在此意义上，校园文化的积累是实现文化校园的必由之路。所以，这两个概念实际上代表的是学校文化建设的两个不同阶段，打造校园文化是学校文化建设的开端，形成文化校园是学校文化建设的目的。前者注重的更多是载体和形式，重点是"活动"和"建设"本身，学校会初步形成良好的环境氛围、共同的发展目标和统一的价值取向，得到的是"量的积累"；后者关心的更多是内容和目标，重点是文化气息的全面生成，得到的是"质的变化"，形成一种有学校特点的、相对稳定的、可持续发挥作用的综合育人力量。

文化校园的提出直接代表着现代大学建设的先进理念,其内在根据一方面是培养复合型人才的需要,另一方面则是对许多著名的大学进行历史分析的结果。它强调的是大学建设中总体性的人文环境对人才培养的重要作用,而不仅仅关注具体的校园生活。在文化校园建设过程中,更看重的是大学人文底蕴的积淀作用而不是外在的环境。换言之,从校园文化到文化校园,就是超越以学生为主体、教师为主导、学生社团为组织形式的校园的整体文化氛围和深层的文化精神更多地被大学校园局部文化活动所取代的校园文化活动观,从建设内容有限和建设主体单一的局部走向文化建设的系统性和建设主体全面性并重的整体;也就是从注重建设来规范人的言行,提升到崇尚自然、自觉、自信,追求的是人与人的和谐、人与内心的和谐、人与自然的和谐。它更多的是去关注人、关心人、影响人、引领人,从而达到成就人。

文化校园概念的提出还是大学发展走向文化自觉的重要表现。在目前的大学文化建设中,存在着理解上的局限性和实践上的表面化问题,一种情形是校园文化建设突出大学精神和文化理念,但缺少现实的实践根基和活动机制;另一种情形是校园文化建设被理解为课堂知识传授之外的一些添加剂,例如文化活动、体育活动、学术讲座等。其中蕴含着一种假设,似乎人们可以在不改变现有的课堂教学和知识传授方式的前提下,凭借增添一些额外的文化活动就可以实施真正的人文教育或者素质教育,培养学生的人文精神。为此,要真正回归大学的文化本质,就必须走出狭隘的、表面化的校园文化建设的误区,变狭窄的校园文化为宽广的文化校园。这是大学理念、大学精神、大学文化的内涵的根本转变。从根本上说,大学文化本质的真正回归既不是对应用学科、管理学科、工程技术学科及其各种应用知识的简单拒斥,也不是在现有知识传授体系原封不动的基础上添加某些文化调料,而应当使人文教育和文化启蒙渗透到高等教育的所有专业和所有层面,建构全方位育人的文化校园。从高职院校的实际来讲,有些在突出职业性、完成高职院校目标责任的同时,有意无意地忽视了学校教育的人文基础。其实,培养学生的职业能力虽然是高职教育至为重要的社会责任,但职业能力是专业能力、方法能力和社会能力相互融合、相互支撑的集成体,以职业道德、沟通交流、团队协作、责任意识、诚信品质、敬业精神等为表征的社会能力或者人文精神理应成为高职教育的应有之义。尤其是在当今社会剧烈变革的转型时期,精神的塑造既是学生全面、可持续发展的需要,更是社会发展的需求。职业原本就是社会发展和分工的产物,一成不变的终身职业在现代社会存在的概率几乎为零,职业领域的不断变换或同一职业领域对能力要求的不断提升,对一个具体的社会人而言将会是一个频繁面对的问题。所以良好的应对心态、理性的思辨能力、准确的判断能力和坚韧的奋斗精神等综合人文素养必将成为高职学生未来的职业发展不可或缺的基础。

所以,理想的大学,特别是高职大学,应该是全员全程全方位育人、突出勤劳朴实、彰显特色和师生员工共享文化的场所,变狭窄的校园文化为宽广的文化校园,确立一个超越校园文化,走向文化校园的基本理念。因为在归根结底的意义上,大学的本质在于文化,在于文化的传承、启蒙、自觉和创新,大学建设,本质上应该是一种文化建设,是一种文化氛围和文化育人环境的营造活动,也是一种社会文化样板的打造活动。

三、高职文化校园建设的重要性

高职院校的文化建设有其自身内涵的特殊性,有学者从校园文化建设的角度把这种特殊性概括为:营造自身特色的学术气氛;形成特殊的实践氛围;让学术气氛与实践氛围有机结合,达到相互渗透与融合、相互影响与作用,使学术气氛沾染实践意味,使实践氛围渗透学术色彩。仔细分析这一特殊性,包含两层含义:一是高职院校是高等教育的组成部分,总体上以研究与创新的教育理念培养高级专门人才,凸显高职院校的高字。因此其文化建设应该具有高等教育文化校园的共性,具有高校共有的学术气氛;二是高职院校又不同于普通高校,其主要从事高层次的职业教育,教育教学总体上以职业化、实用型、技能型教育理念培养面向基层、面向生产、服务和管理一线职业岗位的学生,要凸显高职院校的职字。因此其文化建设又应该具有不同于普通高等教育文化校园的特殊和差异之处,要突出实践氛围,具有自身的鲜明特色。围绕这一特殊性要求,高职院校文化建设应重点突出以下几个方面。

(一)以学生全面发展为价值追求

文化校园建设的最终落脚点必定是学生的全面发展,离开了学生的全面发展,文化校园建设就失去了根本的意义和价值。因此一方面要畅通聆听学生利益表达的渠道,另一方面还要以学生的发展成效作为检验建设成效的标准。文化校园建设是否成功其最终的评价标准应该是学生。学生毕业后,校园文化精髓有没有在他们身上生根发芽,高职大学生活有没有成为学生不可忘却的回忆,有没有在岗位上践行校园文化所倡导的理念才是文化校园建设最终成果的检验标准。

(二)以全体师生员工为行为主体

这里的主体是指与文化校园这一客体对象相对的文化建设的承担者、执行者和文化的享受者。它包括学生、教师管理人员等全部在内的校园人群。在文化校园建设中,教师与学生是通过大学校园这一共同的中介客体,使师生的本质力量得到对象化。教师对文化校园的建设不只是为了学生成长的付出,而且也是教师生命价值的不断完善、超越和升华。因此,师生共为主体,既能避免文化校园建设中学生单一主体的自发性与盲目性,也能使教师在文化活动中发现自我、表现自我,进而更新自我的主观能动意识,使之得以充分发挥。因此,文化校园建设不仅是对学生的要求,也是对教职员工的要求。同时,文化校园建设还是一个师生互动的过程,在互动中,形成了文化校园建设的设想,校园文化深入个体心灵,实现了校园文化的创新和升华。这些决定了文化校园的受益者不仅是学生,还包括教师,所以文化校园建设应该为广大教师的发展提供更多的机会和平台,也只有这样的校园文化,才能得到广大教师的认同并付诸实践。

(三)以教育教学工作为主要阵地

文化校园不仅是理念,更需要有具体的内容和实践支持。比如营造浓厚的学习与研究氛围需要引导学生重视理论学习,训练学生的理论思维,增强学生在实践中的创新能力以及社会中的适应、可持续发展能力。就研究来说,不应注重研究宏大、高深的基础理论课题,而应引导师生从小处着手,选择精、实、新的,联系实际、解决现实问题的应用性课题。从实践来讲,与中职学校比较,高职院校除了一般的动手能力要求外,又具有高层次的技术、规范及道德精神要求,其校园文化要有利于形成精益求精、严密细致、科学求真的态度;有利于培养学生爱岗敬业、无私奉献的职业道德;有利于养成吃苦耐劳、勤奋踏实的进取意识;有利于造就相互配合、协作奋进的团队精神;等等。在内容上,如果把培养学生的专业技能作为文化校园建设的重要目标,必然要求在课程设计上有相关的内容支撑。在教学方式上,把学生的品德建设作为文化校园的重要目标,而品德教育中,教师的表率、教学及管理等会对学生品德的塑造产生重要影响。如学院可组织学生竞赛,采用发现法教学等方式,进行创新示范,培养学生的创新精神,提高学生的创新素质和水平。高职文化校园建设丢弃了教育教学的主阵地,就等于失去了基石。

（四）以完善制度建设为重要措施

因为制度是人类在物质生产过程中所结成的各种社会关系的总和,是人类为了自身生存、社会发展的需要而主动创制出来的一种有组织的德性规范体系,包括法律制度、政治制度、经济制度以及人与人之间的各种关系准则等,所以在其根本属性上它本身就是一种德性文化。在构成制上这种德性文化包括三个层面:一是传统、习惯、经验与知识积累形成的制度文化的基本层面;二是由理性设计和建构的制度文化的高级层面;三是包括机构、组织、设备等的实施机制层面。纵观当前高职院校文化校园建设中的一些制度设计,无论是行政管理体制人才培养目标,还是校训教风学风、校内礼仪规范等,几乎很少考虑到德性规范要求的可操作性问题,比如品德加分、学生评教、绩效考核等制度的采用,并不是真正着眼于学生和教师的发展,而是以方便管理为目的,体现出来的是"管理"的文化属性,而不是"育人"的文化属性,必须充分发挥制度刚性的规范作用。缺少制度支持的文化校园建设是很难发挥长久影响力的,比如诚信教育,只通过诚信课堂、诚信讲座、诚信签名等相关活动来强化,而对考试作弊的学生没有刚性的处罚和处理,如此建立起来的校园诚信文化必然是无法想象的。

（五）以彰显教育机构的独立性为基本抓手

传承文化思想、引导文化方向、传播文化理念、整合文化知识是现代大学的主要责任,高职院校也不能例外。作为一个特殊的教育教学组织,高职院校应当充分发挥"象牙塔"的净化功能,通过其独特的价值取向来承担起自身独特的文化使命。从这个意义上来说,高职院校教育不应仅仅限于对某些具体的、既定的知识和技能的传递,而是还必须通过文化教化和文化启蒙,对师生员工的能力、素质、精神境界等进行全方位的文化提升。作为现代大学的一个类型,高职院校承担着人才培养、科学研究和社会服务三种职能,而这三种职能在整个人类发展和社会进步中说到底都属于文化功能。因此,高职院校文化校园建设应从以下几方面来突出独立性:适当地将行业、企业和职业等要素融入高职校园文化,从有助于学生职业素养的培养与发展进行选择、创新、补充和传承;坚持社会主义核心价值体系的引导,根据自身的特点,高瞻远瞩、扬长避短,有独立思考的精神,一如既往地承担好育人的重大使命。

（六）以坚持理念引领为指导思想

理念文化是高职院校文化建设的核心,它主要包括办学理念、文化观念和历史传统等,是一所高职院校办学思想、价值追求、育人特色等的集中体现,是被学校大多数成员认可而遵循的共同的群体意识、价值观念和生活信念是文化校园的灵魂所在。其中,办学理念最为关键,它既是学校办学历史的积淀和办学经验的提炼,又是学校发展的指针,它激励全校师生员工和学生家长树立共同的教育理想,并为学校弘扬传统、开拓未来、打造特色、提升品质而奋斗。因此,办学理念是既学校的一面旗帜,也是学校办学理想、办学特色办学品位的标志。学校工作尽管千头万绪,但首要的就是必须提出一个科学的、先进的、明确的、符合学校实际的办学理念,通过办学理念来引领学校的办学实践,用办学理念来统一思想,凝聚人心,激发活力,使学校走向科学发展之路。

第二节 高职文化校园建设的主要内容

高职院校的文化建设就是在精神核心文化、制度建设文化、物质设施文化、活动文化等方面共同建设,最终通过校园文化建设实现文化校园,即高职院校的师生员工共同生活的"精神家园"。

一、树立大学校园核心价值

核心价值文化建设是每一所高职院校用以指导自身文化校园建设的最高指针,是凝聚师生向心力,彰显大学个性的灵魂。在社会主义核心价值体系的总领下,以建设和谐校园为宗旨,每一所大学应该深入研究自己的办学历史。办学历史包括学校顺应历史潮流创立的初始原因,发展过程中不断积累的历史经验和精神积淀,各个标志性阶段留下的辉煌成果、涌现出来的各个方面的师生榜样。办学历史是大学经过历史的检验,成为历史的必然结果并且证明能够继续为现实和未来作贡献的历史根据,是大学不能忘记,应该继承和发扬的宝贵精神财富。当然历史过程中势必也同时存在应该注意的教训。

要深入研究自己的办学理念。经过前人的不断积累以及前人在关键时期形成的突破性发展,经过当代大学生站在历史和未来的路口上审慎地思索,这种共同形成的办学理念是建设校园文化精神核心的重要指针。

要深入研究学校本身的人员构成,应坚持"以人为本"的方针,坚持文化的"人本"色彩,研究学校自身师生的情况。包括教职工的学历、教学水平、对学校的期待;学生的生源构成、水平层次、对教学和就业的主观意愿;研究师生的思想状况,这是形成全校共同愿景,凝聚人心的精神向心力的重要内容。

要深入研究未来学校的发展方向办学区位,深入研究社会对自己的期待,从客观上清醒地把握自己可能掌握的机遇,在精神层面确立指引大学往前推进的精神动力。

要善于借鉴其他学校的经验,特别是同类型、同背景学校的精神财富,这是丰富自身精神核心文化的宝贵资源,同时也是赶超竞争的精神基础,所谓知己知彼百战百胜的自信心的来源。

通过对以上各方面的深入思索,不断地沉淀积累,形成属于大学自身的校园文化,既有社会主义当代大学的精神核心价值共性,又有自己典型个性的属于自己的精神核心,这是建设大学文化的基本出发点。

二、构筑文化校园的精神产品

文化校园的精神产品是在学校精神核心价值观的引领下精心锻造出来的非物质存在,既反映着学校的核心价值,又指导和规范着各个方面的具体行动,熏陶着学校师生包括后来者的气质和品格,是文化校园建设的最高目标。主要包括以下几方面内容。

(一)办学理念建设

办学理念是对为什么办学、办什么学、如何办学的最根本的思考,既是对社会主义办学方向的回应,也是对学校自身办学独特性的展露,是引领学校办学各个环节实际操作的精神指南,是全体师生员工的共同思想基础,是校园精神文化的核心。

(二)校训校风建设

校训、校风是经过大学各自独特的历史积淀、磨洗,在教学、科研、服务各方面实践中铸造;经过检验既有历史底蕴又有现实基础,并且有面对未来的强大生命力的所谓大学精神。它们是学校稳定的理想、信念与追求,是学校文化的精髓与灵魂。

(三)师风学风建设

师风反映了教师为人师表、严谨从教、身为师范,给予学生无声润物的春风,是教师的职业道德的体现,是学校完成大学任务的重要保证。学风则是学生求学励志,培养终身学习、为社会作贡献的行为习惯。二者既要符合社会的需要,又要具备学校的个性色彩,师风学风是对学校大学精神、办学理念的风气体现。

三、构筑文化校园的物质载体

文化校园的精神核心需要通过外在的物化形式、外在标志来体现,它们同时具有实际的使用价值、陶冶情趣的艺术价值,在学校发展的成长历程中,潜移默化地形成优良传统与作风,因此,只有让校园文化根植师生心中,围绕精神文化建设推进其它方面的校园文化,才能够真正发挥校园文化"润物细无声"的作用。

(一)规划建筑

校园建筑不仅是满足教学实验场地的需要,同时承担着环境育人的功能,具有悠久办学历史的大学,其历史遗留的建筑本身就是很有说服力的文化彰显。那么新建的大学或者在历史的基础上有新发展的大学,特别是很多的高职院校,在建筑设计规划中就应该在功能区、建筑造型、绿化等方面除了考虑学习生活的条件满足和舒适度之外,还要特别考虑在建筑设计规划上体现出自己独特的人才培养理念、文化符号、精神追求。

(二)文化设施

一些建筑之外的附加设施,比如雕塑,休憩设施,乃至阅读场所、体育场所等更加重要地体现了大学文化的独特性,因此要照顾到学校的育人特点,以此为根据,仔细地按照本校师生的年龄经历构成,专业培养及全面发展的需要恰当地点缀文化设施,鲜明地表达出对自身文化个性的追求。

（三）文化标示

重要的标志物是按照符号学的规律或因其简洁易记以及其化深邃的思想于形象的图像符号，或以艺术性感染受众可以达到传递、化育精神理念的方法。在文化校园建筑中，校徽、校歌、校旗、纪念碑、纪念雕塑、重要道路建筑体的命名都可以实现这样的效果，这就是用物化的形式表达精神的价值思考。

（四）宣传媒体

多种多样的媒体形式可以选择来进行直接的文化宣传，通过深入人心的过程起到文化建设的作用，比如校报校刊、橱窗板报、校园广播、学术文化团体等，既是师生锤炼自我的阵地，同时也是很重要的传播大学对自己在治学、科研、人文、服务等方面诉求的途径。

（五）计算机网络

计算机网络其实也属于文化传播媒体，然而由于其重要的时代特征，有必要单独提出，必须在硬件上实现网络及计算机对校园的覆盖，软件上建立起自己的功能齐全的网站并广泛链接以达到方便和快捷。更重要的是，从育人的角度来说，高校的网络建设要特别地注意自身的网站建设能够满足传递，受众也乐于点击的文化精神，网络首先要服务于自己的文化建设功能；自己的网络管理要能够屏蔽有害于育人功能的不良信息。

四、打造文化校园的活动阵地

活动阵地指的是大学通过主办主持、协助扶助、提倡支持等多种手段，建设的一大批提供给师生完成大学培养人才、科学研究、服务社会"三大任务"的实践场所或者团队，使师生在这些阵地里开展活动，同时营建属于大学自身的文化氛围。

（一）缤纷多彩的文体活动阵地

提到文化活动阵地，人们最容易想到的就是文体活动，因为文体活动能够充分地让学生得到全面发展，身心愉快，不会感觉到学习的乏味与枯燥。更重要的是，高职院校应该着力打造属于自身的独特的文体活动，体现自身在办学理念、大学精神、育人方向的丰富多彩的活动阵地；有专业特色和精神内涵的艺术节、文体社团等以锻造自己的文化，并对外造成自己文化的影响力。

（二）层次丰富的团队活动阵地

充分发挥大学内部各种层次的主观能动性，建设各种层次各种目标的团队共同营建文化校园，包括科研教学、服务的各种治学型社团，如教师的学术团体，学生自发组织的学习、生产、经营创业就业的互助组织，师生和社会联合促进的"三下乡"等服务团队；大学引进企业举办的联合教学实践团体；鼓励院（系）二级单位形成自己的文化建设团队。当然还有重要的党团组织、统战组织、学生会组织直至学生班集体、学生公寓楼层组织的团队思想组织建设。这样一种活动是丰富校园文化、共同创造和一起分享文化的重要措施。

（三）弘扬主旋律的思想政治课阵地

要保障各种阵地的建设坚持党的教育方针，不背离"四项基本原则"；要保障大学文化校园建设保持个性的同时，最终实现社会主义社会对"和谐"的最高目标，贯穿社会主义的核心价值体系，就必须坚定不移地打造思想政治理论课阵地。要不断提高思想政治理论课的教学质量，使学生乐于接受并化作大学文化校园建设的正确理论指导和行为指南，要保证中国特色社会主义理论体系"进课堂、进教材、进头脑。"

五、增强文化校园建设的有效性

实现文化校园的良性积累和发展，体现文化校园"以人为本"的精神内核，实现文化校园"和谐"的终极追求，要求大学文化校园在建设过程中和建设的目标诉求里体现平稳有序，这就提出了一个重要的建设要求——制度化。按照依法、依规的意识，设计科学、合理、符合现代大学制度，符合人的发展的规章制度，依照规章制度进行严格规范的管理，最终实现人的安全、健康、和谐、发展，使制度建设成为大学文化校园建设的重要组成部分。

（一）普及法律知识，坚持依法治校

经常性地组织师生学习法律知识，特别要组织教职工学习掌握高等学校教育教师法规，组织学生学习领会与身心健康安全有关的治安、交通安全法律法规。在文化校园里引入廉政文化等法律内容，要求师生履行公民的法律义务，切实保障师生的合法权益，保障党委领导下校长负责自主办学的权利，在学校营造依法治校氛围。

（二）设计规章制度，坚持依规管理

依照高职院校自身的精神核心、办学理念、培养目标不断地在各个部门、环节制定并完善各项规章制度，保证在学校的各项实践活动中都有章可依，有规可循并且保证其科学性、合理性，保证其人本色彩，保证其具备自身的校园文化个性。要具备有力的保障机制、奖惩措施、执行队伍以及紧急预案保证规章制度不落空、有实效，发生不可预知的突发情况能尽量避免损失。总之，要通过制度管理保障大学校园生命财产的安全，教学活动的有序。

（三）加强组织建设，坚持民主政治

校园内有各种依法设立、体现民意的政治组织和群众组织。党委、团委、工会、职代会、学生会，是行政的重要补充，是保证行政管理体现民主集中人民参与学校事务当家做主的重要集体。坚持党委领导下的校长负责制，重大问题党委集体研究的政治制度。坚持职代会、工会、学生会等群众组织有畅通的渠道反映集体的心声和群众的利益，集思广益，共同建设文化校园。这样才能使学校有大家庭的感觉，有和谐的感受，校园文化才能为全体大学人接受，真正成为大学校园文化。

六、避免文化校园建设的误区

（一）坚持党委领导

当代中国高职院校的文化建设要坚持社会主义办学方向，贯彻党的教育方针；要在社会主义核心价值体系指导下建设以"和谐"为最高追求和主要特色的文化校园，必须坚定不移

地坚持党委的统一领导。

坚持党委对文化建设的领导就是坚持党委领导下的校长负责制的高校教育法规;就是坚持党委集体议定学校重大事项的政治制度;就是把建设文化校园作为大学各项工作任务的总标杆,把提升校园文化作为凝聚大学灵魂和创造力的具体体现。

通过党委深入钩沉大学积淀的精神财富,广泛调研、听取广大师生在价值追求上的共同心声,在教学、科研、服务各方面的目标指向,即能逐步形成校园统一的精神核心。党委的领导可以搭建文化校园建设统一的平台,可以集中学校的财力人力办大事,统一部署有系统分步骤有序地推进。建设高水平高质量的文化校园;可以避免无组织的各自为政,从而形成校园文化的大气候、大手笔。

(二)坚持共同创建

在文化校园建设的具体实践中,又必须调动各个层次、全体师生的积极性和主观能动性。文化校园是一项浩大工程,牵涉学校工作的所有内容,是所有部门、每个师生甚至校外的校友、有共同目标的各个机关企业和科研单位共同参与的体系构建。

共同创建指的是在统一思想、统一指挥下,各个层次各个部门全体人员分工协作,共同搭建文化系统,共同营建文化氛围的过程。只有上级的指示,得不到全体参与者的认同的精神理念不能成为大家共同的追求,不能起到凝聚人心的文化作用。没有师生员工全体参与的共同构建也不能形成强大的文化气场,就谈不上成为文化校园。共同创建指的是在核心价值的统领下,各个层次级别不同类型的子系统通过发挥主观能动性创造细胞工程,用科研教学、服务的文化门类不断地积累、丰富文化校园的大系统,使所形成的校园文化具备先进性、时代性和开放性、包容性。

(三)坚持"育人为本"

在文化校园建设过程中,要始终清醒地意识到高职院校的最终任务是"育人",要对社会回答的问题是"培养什么人,如何培养人",理解了这一点,就会明白文化校园的功能是"化人",提升校园文化的目的是营造培育中国特色社会主义事业所需要的合格建设者和可靠接班人的文化氛围。当代中国高职院校的校园文化培养全面发展的社会主义合格建设者和可靠接班人,要把文化建设牢牢扎根在现实的土壤中,根据每一所大学的育人方向设计独特的有效的"化人"的"文化"。每一次活动都要有自己的育人目标,每一件文化作品(设施)都要凝聚自己的育人宗旨。

学校文化建设的成功与否,文化校园是否已经实现,其最终的衡量标准是一所高职院校毕业的大学生是否具备了母校致力培养的道德、精神风貌和从业技能,是否成为母校和社会所期待的人才。

(四)坚持积累和创造

文化校园建设必须注重积累,对自己历史上各个时期精神财富(也包括有纪念价值的设施、建筑、实物)的积累既是集腋成裘的过程,也是淬炼历史形成精神之钢的过程。积累历史遗留的精神财富是对前人的尊重和对传统的仰慕,这种与生俱来的遗传保证了文化校园的个性,而这种个性则保证了校园文化的品位和尊贵,保证了自己的生命力,为人类的文化发展做出了贡献。文化校园建设还必须坚持创造,因为大学不同于其他社会组织的特征,就在于它不仅是保存人类文化的殿堂,传递人类文化的讲坛,而且是发展和丰富人类文化的广阔田野。无论是各个年龄层次对知识充满探索精神的教师还是学生,都是富有创造力的心灵。在文化校园建设过程中充分发挥这些人员的创造性可以不断地丰富校园文化的内容,不断地超越既有的文化创造出更先进、更现代、更符合未来需要的文化,使自身的院校成为有强大魅力吸引力、生命力的文化校园。

第三章

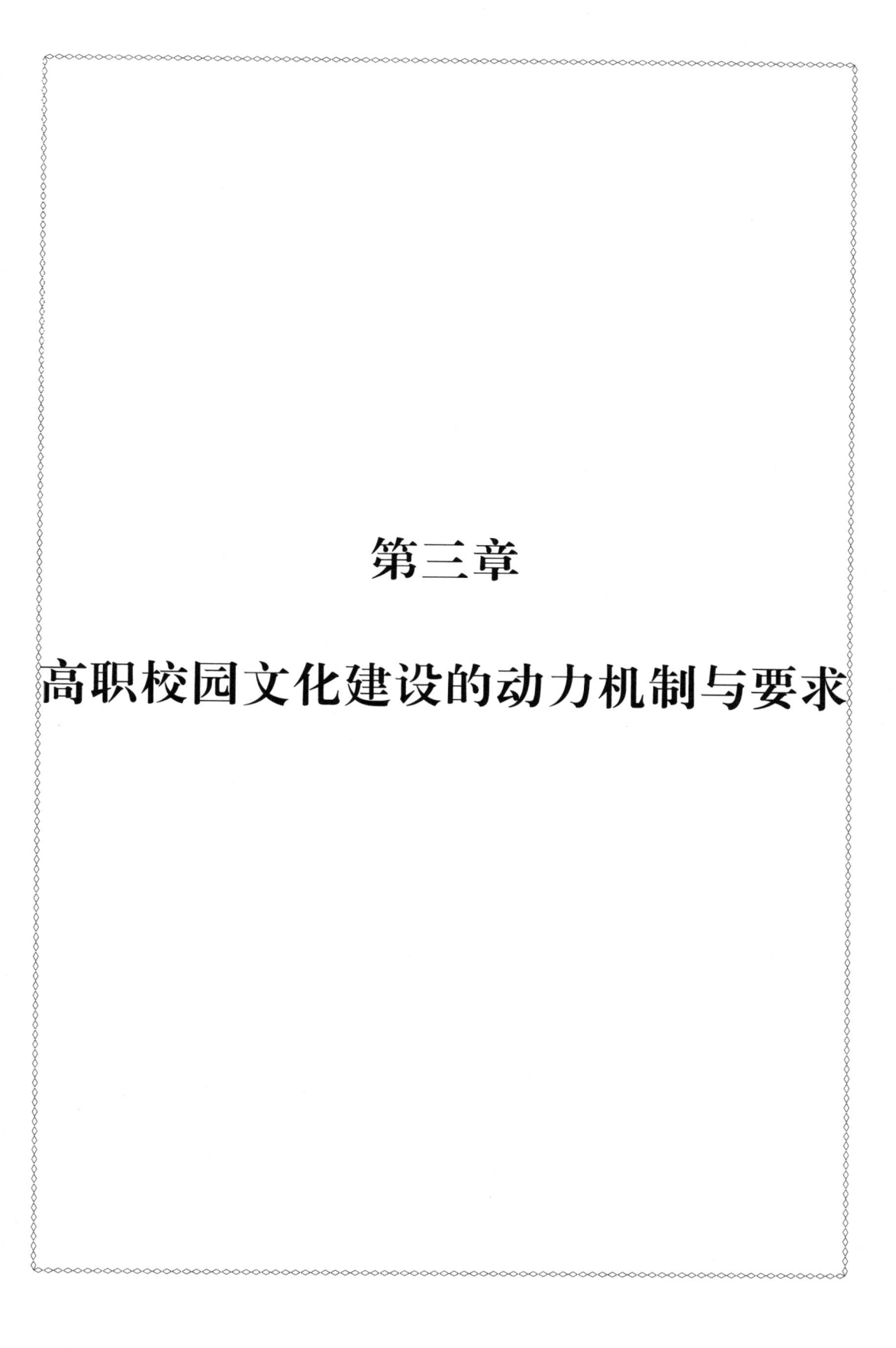

高职校园文化建设的动力机制与要求

第一节　高职校园文化建设的动力机制

在当前社会背景下,多种因素的变动与发展为高职院校校园文化建设提供了动力支持。在这些动力因素中,科学发展观为高职院校校园文化建设提供了行动指南;社会经济发展是高职校园文化建设的现实要求;社会文化发展是高职校园文化建设的文化熔炉;高职院校自身的发展也为高职校园文化建设提供了内在动力。

一、科学发展观是高职校园文化建设的行动指南

科学发展观是一种建立在科学价值判断基础上的发展观,是以人为本的价值取向的多重统一。以人为本、全面协调可持续的科学发展观是经济建设和社会发展的重要指导思想,也是高职校园文化建设的行动指南。

(一)坚持科学发展观是营造和谐校园文化的行动指南

坚持科学发展观是营造和谐高职校园文化的理论基础,高职校园文化建设是一种管理模式的体现,是高职发展和建设的重要组成部分,它着力于形成厚重的文化积淀和浓郁的文化氛围,为师生提供精神家园。它更多强调的是环境和情感的作用,从人的需求出发,激发人的积极性,建立一种使人奋发进取的文化氛围,促进校园的和谐发展。高职院校要坚持科学发展观,以人为本,倾力构建布局合理、风格独特、设施优良、文化底蕴丰厚的校园环境;努力营造尊重人才的舆论氛围、和谐融洽的人际氛围、民主活泼的学术氛围、舒适幽雅的生活氛围、紧张向上的工作氛围;形成党员干部思发展、师生员工思进取、广大学生成才的浓厚氛围;形成用事业造就人、用环境吸引人、用机制激励人、用感情留住人的良好氛围。高职只有坚持科学发展观,下大力气强化校园的文化氛围,才能实现稳步、协调的发展。

坚持科学发展观是构建和谐校园的必然要求。高职和谐校园建设必须树立和落实科学发展观,以科学发展求和谐。加快事业发展是构建和谐高职校园的基础,在高职和谐校园建设的过程中,必须一切着眼于发展,坚持用发展的目标凝聚人心,用发展的办法解决问题,用发展的成果鼓舞士气,实现校园文化与社会文化共同发展。构建高职和谐校园文化要以公平、公正、公开、公信为基本特点,协调好各方面的利益关系,理顺师生员工的思想情绪,实现学校各级领导与教职员工的和谐;行政管理人员与教学科研人员的和谐;高层次人才与普通人才的和谐;"引进人才"与原有人才的和谐;教师与教师的和谐;教师与学生的和谐;学生与学生的和谐,形成全体师生员工各尽所能、各展所长、各得其所、和谐相处、团结奋进的局面。

坚持科学发展观,处理改革、发展、稳定的关系,促进高职院校动态和谐。加快事业发展是构建和谐大学校园的基础,在高职和谐校园建设的过程中,必须一切着眼于发展,坚持用发展的目标凝聚人心,用发展的办法解决问题,用发展的成果鼓舞士气,实现学校发展与社会需求的和谐;眼前发展与长远发展的和谐;发展速度与基础条件的和谐;学校历史、现在与未来的和谐;学校发展的总体目标与学科、专业的和谐;规模、质量、结构、效益的和谐;人的发展与学校发展的和谐,不断促进校园文化的建设。

在科学发展观指导下的校园文化建设必须坚持人文环境与自然环境的有机统一,协调发展,加强人文科学与自然科学的融合。协调和谐是科学发展观追求的发展状态,在校园文化建设中就是要追求物质文化建设、精神文化建设、制度文化建设、活动文化的协调、默契、和谐、统一,具体表现为水乳交融的自然状态、融洽的人际关系、协调的各方面利益。只有在科学发展观的理论指导下,高职校园文化建设才能有序推进、和谐发展。

(二)坚持科学发展观是树立科学德育观的行动指南

德育工作是校园文化建设的重要组成部分,并主导着校园文化建设的方向。目前,高职德育工作仍然存在一些亟待解决的问题,理论知识、思想教育无法贴近现实、贴近生活,不能解惑释疑、入脑入心。只有树立科学德育观,才能真正做到以人为本,培育优秀校园精神。首先,德育应充满良知和情感,情感教育是建立在平等、尊重、关心基础上的,它使受教育者自我内化,把道德视为内心的需要。其次,德育的途径与方法要使学生乐于接受,收到实效。再次,还应该在科学发展观指导下加强校风建设,构建和谐校园氛围,学校的校风是该校精神的集体化,是校园精神文化建设的关键环节。校风由学校领导作风、机关作风、教风和学风等要素组成,要加强校风建设,就要抓好各级领导班子的作风建设,领导干部要提高构建和谐校园的能力,要做到密切联系群众、遵循办学规律、科学决策、注重效率、科学民主、全心全意为学校发展和师生员工服务,带动校风向和谐构建的方向发展。加强校风建设就要开展师德教育,增强广大教师的师表意识,大力提倡精益求精、治学严谨、以身作则、热爱学生等良好作风,提倡学习研究之风,提倡奉献精神,以此来教育、感染和陶冶学生。加强校风教育就要在学生中提倡尊师好学,采取各种措施鼓励学生刻苦学习,使尊师好学成为全体学生的共识和自觉行为。要倡导学生自强自律,提高学生的自我意识、自我督促、自我约束和自我调控能力,使学生形成良好的学习习惯和作风,成为全面和谐发展的人。

二、社会经济发展是高职校园文化建设的现实要求

经济基础决定上层建筑。在新时期,社会经济的发展成为推进高职校园文化建设的决定力量,具体表现在三个方面:社会经济的发展为校园文化建设提供了物质基础;经济体制改革的不断推进改变了人们的观念,促进了高职校园文化建设的创新;经济社会的发展对高职教育提出了更大的需求,为高职大学生提供了更多的就业机会。

(一)社会经济发展为高职校园文化建设提供了物质基础

随着社会经济的快速、健康发展,其为高职校园建设提供了物质基础,使高职校园文化建设的顺利开展成为可能。社会经济发展由于受到金融危机的影响,高职院校受到的间接影响将会逐步显现出来。社会经济发展所提供的基础性作用主要体现在以下三个方面。

1. 社会经济发展使高职校园文化建设得以逐步完善

人类社会的物质生产方式制约着整个社会的活动,生产力的发展是推动人类社会进步的决定力量。社会经济发展解决了人们的吃、穿、住、行等基本问题,人们才有可能开始精神文化层面的建设。以往的高职院校办学的历史经验已经证明:在生产力比较低、经济发展比较迟缓的社会里,高职院校若无法建立起先进的完备的文化设施和试验实训设备,也就无法

保证教学活动、文化活动的正常开展。只有在生产力发展水平较高、经济发展较快的社会里，高职院校才能建立起先进、完备的文化设施，才能保证教学活动、文化活动的正常开展，丰富多彩的校园文化才有生根发芽的基础。

多年以来，我国的GDP快速发展，经济建设取得了令世人瞩目的成就，高职院校正是抓住了这个时机，利用经济发展提供的坚实物质基础和更高素质人才需求的契机找到了发展的新平台。

在教育与经济和谐发展的进程中，高等职业教育累计培养了数以万计的毕业生，为经济发展输送了大量高素质劳动者和技能型专门人才。职业教育的发展极大地提高了我国劳动者的素质，明显地改善了我国从业人员的结构，有力地支持了经济社会的发展，满足了经济发展对社会的需求。与此同时，国家财政对教育的投入加大，社会企业各界与高职教育的合作加强，人力、物力和财力的投入逐年增加，从而推动了校园设施和校园文化的建设。多年来，为了推动和保障职业教育的发展，各级政府坚持以财政拨款为主，多渠道筹措职业教育经费，不断加大投入力度，努力改善职业院校办学条件。地方政府不断增加对职业教育的投入，加强职业教育基础能力建设。除各级财政增加投入外，国家鼓励企事业单位、社会团体和公民个人捐资助学，多渠道筹措职业教育经费。在各级政府、有关部门、办学单位的关心支持下，职业院校的办学条件逐步得到改善。

2. 经济发展为高职院校校园文化建设的对外拓展提供了经费支持

随着经济的发展，高职院校的校园文化活动开始向社会拓展，校园活力开始辐射社会，可见，经济的发展为高雅艺术活动的顺利开展提供了坚实的基础。

同样，由于多数大学生都是靠家庭财力支持的，但大学生志愿者的活动也是需要起码的交通和食宿保障的，只有解决了必要的经费，大学生们才能利用自己的智慧服务他人和社会，提高自身的素质。最近几年来，由于国家和社会各界对大学生"三下乡活动"的支持，经费到位，志愿者将文化、科技、卫生等百姓急需的项目在活动中成功实施，促进了地方经济的建设。

3. 物质生活条件的改善促进师生更积极地参与校园文化建设

多年以来，高职教师的待遇逐步提高，从一定意义上使得他们有时间和精力参与和指导校园文化建设。可见，只有在高职教师物质保障跟上后，才能提高他们参与和指导校园文化建设的积极性。党和国家从教育立法的层面对教师的待遇进行了规范，采取了一系列的措施保证教师的待遇，逐步使教师成为令人羡慕的职业，使职教教师和普教教师一样得到社会的尊重和认可。

同样，由于社会经济的发展，大多家庭的经济条件得到改善，有了坚实的物质基础，不仅使大学生的衣、食、住、行和教育经费有了保障，而且使大学生参与校园文化建设的积极性空前提高，在参与校园文化建设的过程中，他们的自主、自立意识得到加强，能力和素质得到展示和锻炼，增强了他们的自信心，参与意识进一步增强，这就为新时期高职校园文化建设提供了人力准备。

总之，社会经济的发展使校园文化设施建设逐步得以完善，为校园文化活动的开展提供了经费方面的支持,并使得高职师生更积极参与校园文化建设,从而为高职校园文化建设奠定了坚实的基础。

(二)经济体制改革为高职校园文化建设提供了创新动力

随着经济的发展,商业和服务行业的地位明显上升,第三产业的提升加快了我国的现代化建设的步伐。高职院校师生的观念逐步变化,从重义轻利逐步转变为义利并重,校园文化建设也随之发生了变化,催生了校园文化主体的公平、诚信等观念,与市场经济相适应的各种道德观念应运而生。

市场经济的发展增强了高职校园文化主体的法治意识。市场经济是法治经济,商品生产、经营者即市场主体的法律地位必须由法律来保障。在市场经济中市场的主体是多元的、复杂的,既有公民个人,亦有各种法人组织,包括国有企业、集体所有企业、个体企业、外资企业、合资企业及股份制企业。为了能够进行公平的竞争,就需要法律确认各种类型的商品生产者、经营者的权利、义务以及如何保护他们的合法权益。对于各种法人组织还要规定其设立、变更和终止的条件和程序。商品生产、经营者的行为必须由法律来规范,在市场经济中,各种经济主体之间存在着错综复杂的产权关系、经营关系和交换关系,各种经济主体之间时刻都在进行着买卖、租赁、承揽、借贷等活动,而这些活动或行为如果不依法循规进行,市场就无秩序可言。因此,对商品生产者、经营者的行为要用法律的形式加以规范。双方或多方当事人的权利义务都要用法律来明确,只有符合法律规定的行为才是合法行为,才能受到国家的保护,如果没有完备的法律,各种经济主体之间的活动就无法有序地进行。

市场经济的稳定、有序运行保证了市场交易的公平公正,维护了市场经济的有序和稳定,而这种经济运行模式则直接培育和强化了高职师生的法治意识和法治观念,促使他们在法治的轨道上建设高职校园文化。高职师生法治观念的确立和强化,一方面使高职师生在国家法律和学校规章制度的框架内建设丰富的校园文化;另一方面,法律保障了他们的校园文化建设有序进行,健全法治,依法行事已经成为高职师生共同的行为准则。

(三)经济社会发展为高职校园文化建设提供了发展空间

一般而言,地方经济发展的水平越高,总量越大,对人才培养的数量需求越多,质量要求越高,为毕业生创造的就业机会也越多,经济社会的发展为高职校园文化提供了新的发展空间。

社会经济发展后,各种产业园区的建设加快,对人才的需求呈几何级数上升,这为高职大学生的"出口"疏通了渠道。"出口"畅通后"入口"就自然有了保障,生源素质就会不断提高,人才培养质量就会令用人单位更满意,从而更愿意提供更多的就业机会,高职生的就业才能从根本上保障。目前,虽然金融危机影响了高职大学生的就业率,但如果我们横向比较就会发现,高职大学生的就业率还是排在多数本科院校的前列;就业层次可能不及本科毕业生高,但他们的勤奋和踏实更受用人单位的青睐,发展和上升空间将随着业务的熟悉和水平的提高不断展现出来。要受用人单位欢迎,必须在校园文化中融入企业文化,让学生在学校学习期间就按照真实的企业岗位要求来规范自己,让自己成为"准职业"人。这样,高职校园文化就比一般本科院校更具开放性特征,企业文化与校园文化对接,给校园文化建设提供了广阔的发展空间。

总之,经济基础决定上层建筑,经济社会大发展为高职校园文化建设提供了物质基础,也给学生提供了更多的就业舞台,校企合作给校园文化开拓了广阔空间。

三、社会文化发展是高职校园文化建设的文化熔炉

社会文化是一个社会的民族特征、价值观念、生活方式、风俗习惯、伦理道德、教育水平、语言文字、社会结构等形式的总和,是社会上起主导作用的文化。高职校园文化从属于社会文化,是一种形成于高职校园之中,由高职师生共同创造的具有自身特色的亚文化形态,高职院校的校园文化建设正是在社会文化的熔炉中发展和壮大的。

(一)社会文化发展与高职校园文化之间形成互动关系

社会文化与校园文化之间的关系密切:一方面,社会文化范围更大,它的发展制约了高职校园的文化建设,社会文化的发展会对高职校园文化产生极大的影响;另一方面,校园文化的发展也可以反作用于社会文化的发展。高职校园文化建设通过高质量的人才输出来实现对社会文化的辐射、示范相导航,经过校园文化塑造的高职学生不仅具有扎实的知识技能,还会具有崇高的理想和良好的道德品质。当这些高职学生走向社会工作岗位后,不仅能够把高职校园文化的品质和成果带到社会的各个领域,而且能够把他们的价值取向、生活方式、行为取向辐射、示范和导航其他社会人群的价值取向、生活方式、行为取向。

社会文化和高职校园文化之间的区别也比较大。从分布空间来看,社会文化存在于社会生活的各个领域,分布极广,可以说只要有人存在的地方,就有社会文化的存在。高职校园文化产生并存在于高职校园中,处于社会的一个角落和一个部分。从内容上看,社会文化是社会生活的结果,是以物质生产实践为基础的各类实践活动的结果;高职校园文化则主要围绕教学活动、文艺活动等展开,是各类教学、科研等实践活动的结果。

总之,社会文化与高职校园文化是整体与部分、全局与局部、一般与个别、普通与特殊、共性与个性的关系。在两者之间,社会文化占主导地位,高职校园文化处于从属地位,社会文化的发展走向支配了高职校园文化的发展走向,高职校园文化的发展则推进社会文化的发展。所以,两者相辅相成,相互影响。

(二)社会文化的发展现状制约着高职校园文化建设的发展

社会文化的每一方面、层次都会在高职校园里有所反映,作用于高职校园文化环境,决定其内容,校园文化与社会文化是相互连接、相互渗透、相互制约的关系。社会文化是校园文化十分重要的输入来源,而且这种输入也不总是强制性的,校园文化总是要主动地选择和吸收社会文化中对其有益、能为其所用的东西。校园文化的地位决定了它必须与社会环境相适应,它的发生、发展都受到社会文化的制约和规定。

1. 社会文化是高职校园文化的源泉

高职校园文化一旦与社会文化相脱离,就会成为无源之水,无本之木,最终会枯萎。随着我国改革的发展,国际交往日益频繁,各种传媒把世界各地的消息送入人们的生活。高职校园文化建设需要本着体现时代性、把握规律性、富于创造性的精神来开展,体现社会发展、

社会进步的长远利益与根本要求,坚持用社会主义的主流文化教育引导学生,不断提高他们坚定的政治立场和明辨是非的能力,激发他们强烈的爱国热情和不断创新的精神。绝大部分学生都在密切注视社会的各种变化,努力提高自身的综合素质,以适应跨世纪的需要。社会主义市场经济体制的建立使大学生同社会的接触更加广泛,思想更加活跃。人才市场的竞争迫使广大学生端正态度,重新给自己定位,重视自身,充实和丰富自己。

2. 社会文化的"文化整合与归属"决定着高职校园文化的前进方向

高职校园是社会的缩影,高职校园的任务决定了它既先进文化的传播者,又是高技能型人才的培养基地。今天进行高职校园文化建设,理所当然要通过把爱国主义、集体主义、社会主义作为人生和社会生活的基本主题,充分利用高职院校的人才资源、科技优势,营造浓厚的校园文化氛围,用健康、生动、高雅的校园文化滋润学生的心灵,增强他们的民族自尊心、自信心和自豪感,把为中华民族的振兴和发展、多作贡献作为神圣使命。爱国主义、集体主义精神应是与社会主义相统一的精神,高职校园文化既是大学精神的体现,又是社会价值观念的折射,它反映的观念变迁正是社会整体演进的一个侧面。今天的大学生不仅面临着社会急剧转型带来的各种压力与考验,也经历着理想与现实之间落差的冲突,校园文化也在价值取向与群体心态方面发生着巨大的变化。

但在市场经济、环境和多种因素的影响下,高职大学生的实用主义价值观越来越明显。大学生开始关注自身利益,推崇"义利并举"。他们把评先进、做好事等作为实现个人利益的一种手段,他们不默默无闻地搞学问,而是推崇"事业顺利,收入可观",从而寻求更大的发展。同样,市场经济的灵活、开放、自由正好和大学生追求个性的心理特点相吻合,因而受到大学生的欢迎。

总之,社会文化通过发挥文化的渗透作用,制约了高职校园文化发展变化;而高职校园文化建设则通过发挥先进文化的辐射作用,推进了社会文化的发展。所以,在社会主义文化建设中,社会文化与高职校园文化能够形成互动发展。

(三)社会文化发展给高职校园文化建设带来了机遇和挑战

社会文化正向大众化方向发展,表现出了社会主义的人民性、民族性、规范性和兼容性,社会文化的大众化以及大众文化的形成、发展给新时期的高职校园文化建设带来挑战,也带来机遇。这种机遇,使新时期的高职校园文化建设的时代特征得以彰显。

1. 社会文化的发展给高职校园文化建设带来的机遇

在新的时期,信息化革命为高职校园文化的发展提供了广阔的平台和空间。信息化革命要求建设信息化的校园,所谓信息化校园就是这样一个校园平台,它以高度发达的计算机网络为技术支撑,以信息和知识资源的充分共享为手段,以培养善于获取、加工、处理和利用信息与知识的学生为主要目标。校园的网络化,一方面是指高职的校园网将高校的教学科研、行政管理、信息管理、公共服务、人才培养等不同系统连接起来,实现校内信息的交流和交换;另一方面是指校园网和校外互联网的充分互联,从而实现校内信息和校外信息的交流和交换。在过去,高职往往被冠之以"象牙塔"。"象牙塔"的含义之一就是指高职是研究高深学问、传播精英文化的地方。社会文化的大众化,一方面,使丰富多样的文化以潜移默化的形式,提供给包括高职师生在内的人民群众以广阔消遣的空间,从而舒缓了他们的精神压力,满足了他们的娱乐、休闲的需求,并改变了他们的生活方式;另一方面则使文化的生产、传播、消费、反馈形成了一系列新兴的文化产业,这些新兴的文化产业改变了高职师生的消费观念和消费结构,促进了新消费市场的形成,为高职院校的校园文化建设注入了新的特点。

2. 社会文化的发展给高职校园文化建设带来的挑战

社会文化的发展给新时期的高职校园文化建设带来挑战。一是文化价值的多元化标准影响着高职校园文化建设的主导方向;二是生活方式的多样化影响着高职校园文化的凝聚力;三是高职教育的产业化和市场化的倾向影响着高职校园文化建设的纯洁性。

在现代背景影响下,人们的自我意识逐步苏醒,思想活动的独立性、选择性、多变性和差异性日益增强,价值选择的多元化已经成为不可阻挡的文化趋势。在这样的文化环境中,大学生们的价值观念也呈现出多样化的特点,无论是学习内容的取舍还是工作单位的选择,无论是生活方式的追求还是人生目标的设计,都不再是单一化的固定模式。这种多元化文化价值观念的形成在一定意义上反映了社会的进步,是人们思想解放的必然结果。因此,高职校园文化建设要面对文化价值多元化的发展趋势,注重对大学生们的人生观、价值观进行有效的教育和引导,不断用健康向上的文化价值观念来塑造大学生的思想,促使他们真正成为中国特色社会主义先进文化的倡导者和实践者。

形势是严峻的,迎接挑战是人们的职责,应该如何应对呢?面对国际形势的深刻变化和各种思想文化的相互激荡,不能自乱阵脚,必须注意以下两个方面:一是必须以马列主义为指导,增强坚持和发展先进文化的责任感、使命感和紧迫感,运用马列主义的立场、观点、方法来观察、认识、分析各种文化思潮,把广大学生的思想道德素质和科学文化素质放在校园文化建设的重要位置上。二是提倡和引导广大学生学习科学文化知识,树立科学思想和科学精神,使高职院校成为继承、传播、创造先进文化的牢固阵地。在新的历史条件下,按照先进文化的要求加强校园文化建设,用科学发展观的重要思想指导、衡量和检验校园文化建设工作和各项活动,发扬与时俱进精神,积极推动校园文化创新。只要人们指导思想明确就不怕挑战,高职校园文化的和谐建设就可以取得大的成效。

四、高职院校发展为高职校园文化建设提供内在动力

高职院校自身的发展为高职校园文化建设提供了内在动力。高职自身发展对校园文化建设的影响有以下几个方面:一是高职的适应性发展,特色化发展推动校园文化建设的发展与创新。二是高职院校的人才培养模式推动高职校园文化建设的发展。三是高职师生的发展需求推动高职校园文化建设的发展。

(一)高职院校的发展壮大推动着高职校园文化的发展

由于顺应了改革的大势,高职院校在新的时期呈现了良好的发展势头,职业教育已经撑起我国教育事业的半壁江山,高职教育作为职业教育的高端培养模式,引领着职业教育的发展。高职的健康发展又进一步推进了高职的校园文化建设。

1. 高职院校顺应了改革趋势，从机制体制创新上促进了校园文化的发展

首先，高职顺应了改革趋势。不断扩充和改善办学条件，从而使得各所高职院校的文化设施越来越健全和先进，使得高职院校物质文化建设得以飞速发展；其次，高职教育体制、管理体制的改革提高了高职的办学效益，增强了高职的发展活力，从而促使新时期高职校园文化的管理更加合理和更加科学，使得高职校园制度文化建设逐步完善；再次，高职院校对办学类型、办学层次和特色的重新定位使得高职的特色教育水平逐步提高，进而使各所高职校园文化建设的特色更加鲜明，涌现出一些特色鲜明的成功典型。最后，高职顺应改革趋势，增强为当地社会服务的意识，服务意识的渗入与凸现丰富了高职校园文化建设的内涵，拓展了高职校园文化建设的空间。

2. 高职院校的信息化建设使得校园文化建设手段有了更多选择

高职院校的信息化和网络化建设使得校园文化建设呈现喜人新面貌。在新的时期，利用校园的网络化建设网络化校园，主要通过校园数字化和校园智能化来实现。校园的数字化是指运用现代信息技术将文本、图像、声音、动画等物理信息以一定数字格式录入、存储与播放，从而使大量多样的数字资源在校园文化主体间实现共享。校园的智能化一方面将高职院校学生从被动接受知识的模式下解放出来，从而与个性化、高度互动的智能学习环境相适应，实现以个性化学习为中心的学习模式；另一方面使高职院校教师借助智能化手段，有针对性地培养学生主动获取、加工、处理与利用文化信息的能力，从而实现最优化的教育效果。通过信息化校园的建设，高职校园文化的传播和建设途径实现了革命性的变革，高职院校师生可以在网络虚拟社区里进行文化、信息和情感的交流，可以在信息化校园里进行学习和娱乐。可以利用信息资源进行文化创新和个人创业；从校园文化活动到社团管理，网络发挥的作用逐步凸显，使得高职校园文化的网络化管理模式越来越重要。校园网络的便捷使高职校园文化交流在悄无声息中得到了广泛的开展。

3. 高职院校的特色化打造使得高职校园文化建设特色凸显

高职院校的特色化建设使新时期高职校园文化建设的特色更加突出。有的高职院校以金融为特色；有的高职院校以纺织为特色；有的高职院校以建筑和旅游为特色。首先，我国高职院校的特色化发展道路使我国高职院校的校园文化建设有别于其他国家高职院校的校园文化建设。在新的时期，高职校园文化建设在社会主义方向的指导下，为塑造"四有"新人而进行文化的传承和创新，是与中国特色社会主义现代化建设相辅相成的。其次，许多高职院校主动继承各自学校的历史传统和文化积淀，从而使许多高职校园文化建设的个性逐步彰显。由于各校的历史文化传统与社会文化环境不尽相同，故日积月累地形成富有个性、形式多样的高职校园文化建设模式，使得高职校园文化呈现出特色鲜明、健康向上的姿态；由于不同高职院校的不同定位，高职校园文化建设模式的个性和特色，高职校园文化建设的特色化发展有利于高职校园文化建设的繁荣，有利于高职院校的长远发展，也有利于中国特色社会主义现代化建设。

(二)高职院校的人才培养模式推动了高职校园文化的发展

高职院校校企结合、工学交替的人才培养模式使得高职校园文化建设呈现出了较强的

商业氛围,高职院校姓"职"的特点注定了高职院校必须与企业的岗位紧密结合,注定了它的校园文化具备了雅俗共赏的特色。

1. 高职院校的人才培养必须结合外部环境

高职院校的人才培养以及高职校园文化建设必须时刻与外部经济环境相协调,这就使得高职校园文化建设中出现了许多新的元素,高职院校的人才培养在与外部环境进行不断的协调中发展。高职校园文化是一种亚文化、微观文化,必然受到社会宏观文化、社会主流文化的影响和制约。因此,高职校园文化建设要想健康、快速的发展,就必须不断地调整自我,以使与外部文化环境相协调。因此,高职校园文化在发挥引领、辐射社会文化发展的同时,主动与社会文化的发展相协调,积极主动地吸收社会文化中的有机养分,从而使得高职校园文化建设呈现出明显的时代特色,使高职校园文化建设的面貌常新。高职校园文化建设既是国家培养高素质人才的客观要求,也是高职内部环境发展的客观要求,高职院校内部环境主要包括高职院校内部的管理体制、运行机制、高职院校发展战略、高职院校师生的数量规模与层次结构等,高职院校内部环境的变化,特别是高职院校师生规模和结构发生了变化。

2. 校企合作促进高职校园文化建设的发展

校企共建的新模式有利于高职校园文化建设的发展。校企共建的新模式有助于解决校园文化建设经费不足的难题。因此,要深化科技和教育体制改革,促进科技、教育同经济的结合,充分发挥市场和社会需求对科技进步的导向和推动作用,支持和鼓励企业从事科研、开发和技术改造,使企业成为科研开发和投入的主体。目前,高职院校都有固定的学生活动经费,但是相对于有待开展的多方位、多层次的高职校园文化建设而言,资金还是十分匮乏。而资金匮乏已成为制约高职校园文化建设发展的一个瓶颈。于是,校园文化活动的组织者纷纷把眼光投向市场,试图寻求企业的资金支持。通过企业的资金支持,高职校园文化建设的资金逐步充裕,高职院校学生就可以运用课堂所学知识,积极地参与、组织校园文化活动,从而开阔了他们的视野,增强了他们的求知欲和动手能力,展现了他们的特长、爱好以及自身价值。由此可见,高职院校学生视野的开阔和能力的增强,为高职校园文化建设提供了良好的人力支持,从而为高职校园文化建设的繁荣奠定了坚实的基础。

校企共建校园文化的新模式可通过多种形式来实现,因而许多企业积极主动地参与高职校园文化建设。企业之所以参与、支持高职校园文化建设,主要是他们逐步重视高职院校这块消费能力日益增长的市场,从而把企业的经营理念和产品推广到高职校园。当然,他们支持高职校园文化建设往往并不以简单的商品交换为形式,而是以冠名、主办、协办、鸣谢、赞助或其他广告宣传的形式为条件。当然,为实现校园文化活动的顺利开展,一些学生组织、学生团体也会主动寻求企业的资金支持。企业的生存和发展不仅需要资金、设备的投入,更需要一支有高超专业才能、崇高敬业精神的员工队伍。提高企业员工的整体素质的关键就在于企业员工继续教育的成功与否,而高职院校是先进文化和先进管理技术的辐射地,有明显的智力资源优势,所以许多企业通过资助校园文化设施建设的途径,积极利用高职院校资源以达到企业员工继续教育的目的。

校企合作的形式与高职院校的教学活动是紧密联系在一起的,高职院校现在提倡的"以就业和工作过程为导向"就将学校的教学同企业捆绑在了一起。每个专业除了有自己的校内实训课程外,每年都要安排一个月以上的时间到企业进行实训,了解企业的操作规程和办事制度等,从更直观的层面体会学校和企业的不同,这样使大学生尽快适应社会。

由此可见,校企共建高职校园文化的尝试,一方面拓宽和创新了高职院校的办学形式和运行机制,另一方面则实现了高职校园文化建设模式的成功探索。在校企共建模式的影响下,高职院校学生的经济头脑更加发达,就业和创业意识得到了有意识的引导,使得高职校园文化充满了比较现实的经济氛围。

(三)高职院校师生的发展需求推动着高职校园文化的发展

目前,高职院校师生的多层次需求促进了高职校园文化建设的深入,高职院校学生结构层次的变化则促使高职校园文化建设的时代特色更加突出。

根据马斯洛的需求层次论,人的需求包括五个层次,即生理需求、安全的需求、交往和归属的需求、获得尊重的需求和自我实现。高职师生都有自身的不同情况,希望根据自身特点来获得最大的满足感。

高职院校教师的需求会直接影响高职校园文化建设的动向,进而影响高职校园文化建设的质量。高职院校师生的多层次需求大大推进了高职校园文化建设的进程,这主要表现在以下几个方面:首先,在基本满足了生理需求和安全需求之后,高职院校师生都渴望情感上的需求;学生渴望同学之间保持忠诚和友谊,困难时互相帮助,快乐时共同分享;教师渴望同事之间互相合作、真诚相待,渴望人际关系的融洽。这就要求高职院校开展丰富多样、参与面广的校园文化活动,以实现同学之间、教师之间、师生之间的交流与合作;以促使高职院校建立、健全校园制度文化来保障同学之间、教师之间、师生之间平等交流和友好合作;用制度文化来提供友好、融洽、轻松的氛围、环境。其次,高职师生都渴望被尊重,希望自己的能力、努力、成绩能得到其他同学、教师的承认与认可,高职校园文化建设通过各种创业大赛、体育比赛、科技文化节、艺术节、运动会、各种学术讲座、社团活动等形式,一方面为高职院校师生提供了一个展现自我的舞台,使他们的才能、成就得到认可,并得到尊重提供展示的舞台;另一方面则进一步使高职校园文化建设向更广的领域、更深的层次推进,使高职校园文化建设具有蓬勃的生机与活力。再次,作为高职院校师生的高层次需求,自我实现的需求促使他们在学业上不断进步,推动他们在工作上孜孜进取。高职校园文化建设为高职院校教师的自我实现提供了更广的空间和更大的舞台,将他们的自我发展推进到一个新层次,将高职校园文化建设推进到一个新境地。由此可见,高职院校师生的多层次需求促使高职校园文化的建设模式更加多样化和更富特色;高职院校师生从低层次需求向高层次需求的不断追求,使高职校园文化建设更加深入和健全。

总之,高职院校在科学发展观的指导下,校园文化建设受到社会经济和社会文化的影响和制约而高职校园文化与校企合作的模式有密切的关系,商业氛围比较浓,应该合理引导以确保高职校园文化的健康发展。

第二节 高职校园文化建设的总体要求

高职校园文化建设是一项复杂的工程,涉及的内容十分广泛。高职校园文化建设在总体上应该达到五个方面的要求:弘扬竞争时代要求的大学精神;成为先进文化建设的示范基地;营造培育"实用型"人才氛围;SWOT 导向高职校园文化的战略规划;引入 CIS 识别系统造就特色校园文化,打造学校品牌。

一、弘扬竞争时代要求的大学精神

大学精神集中反映了一所大学的师生员工对大学理想的价值追求,它是大学在全面吸收历史文化传统、在长期办学实践中凝练积淀而成的,并随着时代不断充实发展的,切合大学自身实际的世界观、价值观和方法论的集成,展现着大学自身的气质、品位与神韵。大学精神是大学文化的灵魂,它既是大学实现自身目标的动力,也是师生员工为人、治学、做事的精神支柱。一所大学的大学精神体现在具有个性特色的校训、校风和学风之中。

大学精神是在大学发展过程中逐步积淀下来的内在气质,是学校发展哲学和学校核心竞争力的集中体现,作为一种文化资源,它外化为学校的学风、教风、师德、师风。高职校园文化与其他普通大学的差别在于高职校园文化与社会文化(企业文化)联系更加紧密,而大学精神正是大学校园文化的灵魂和活力之源。因而大学校园文化基本特征是大学的文化精神,这种文化精神是所有师生员工的精神状态和文化追求。高职校园文化的组成要素包括:学校的教育理念、大学精神、办学特色、校训、校风学风、视觉识别系统(校旗、校徽、校歌、校标、LOGO 等)、行为规范与规章制度、校园文化活动、校园环境等方面。通过培育大学精神,有助于在校园内积淀起具有教育熏陶作用、凝聚感召作用、激励引导作用的治学思路,有助于在承袭与创新中弘扬先进。

(一)高职院校的大学精神就是自己的核心价值观

培育大学精神关键要结合学校实际,获得师生和社会的广泛认同,满足社会发展的需要。学校的理念与精神是在学校发展的过程中生长起来的,应在总结学校发展历史,提炼学校发展经验,反思学校发展问题,分析学校发展现状基础上加以归纳、论证,只有对学校的历史与现状作充分的研究,既重视传统进行纵比,又强调借鉴进行横比,分析与其他学校相比较的优势、劣势、机遇和挑战,才能增强办学理念对学校发展的导向性,培养起既尊重客观规律又体现时代特点的大学精神。

从本质上讲,培育大学精神就是提炼大学的核心价值观,就是构建先进的校园文化。培育大学精神,要以切合实际、特色鲜明、促进内涵发展为出发点。马克思主义科学原理、优秀的中国传统文化、域外的先进理念是人们在瞬息万变的新的社会条件下进行校园文化建设的最重要的思想资源。大学文化建设的内容很广泛,贯穿于大学活动的一切领域和环节,既是理论抽象,又是实践操作,但其精髓体现在理念、精神等核心价值观的建设上,只有这样,才抓住了大学发展的根本,而根本固则枝叶繁,因此,大学精神在大学的生存发展中起着至关重要的作用,是大学的灵魂,发挥着激励意志、规范行为、凝聚人心的功能。

大学校园文化作为大学这一特殊的社会组织,在长期的发展过程中形成的精神文化的积淀是整个"师生员工"所形成的一种文化精神的表现。这样,大学精神和大学校园文化之间存在着紧密的联系。大学校园文化是大学精神的"形之所在",人们正是通过大学校园文化来体会其中内蕴的大学精神。大学精神也正是通过外化为大学校园文化来发挥其精神引导的作用。因此,在大学校园文化这个可视可感的具体环境文化与抽象的大学精神之间建立联系,使得大学精神的传承、重塑与发扬有了文化载体。丰富的生活实践基础可以为大学精神的发展带来新的增长点,使得大学精神的内涵不断得到丰富和发展,因此大学校园文化对大学精神的塑造和发展有着重大意义,大学精神的重塑必须寄予大学校园文化中对大学精神的培育和呵护。

总之,高职学院的校园文化是充满活力的,发展前景是美好的。培育大学精神当求真务实、立意高远,在传承与创新的过程中建设富有个性特色的大学文化,促进学校全面、协调、可持续的发展。

(二)"高职师生员工"是大学精神的缔造者和受益者

大学精神是所有高职师生员工的精神状态和文化追求的体现,是高职师生员工人格的象征,"高职师生员工"是大学精神的缔造者和受益者。大学精神是学校一代又一代创业者业绩、品格、精神的结晶,在构成高职院校综合竞争力的诸要素中,大学精神居于核心地位。以孔子为代表的儒家教育思想,直接影响着中国大学精神的培养,而以现代科学、民主、重德、重技术的思想直接影响着高职院校的核心价值观,则是大学精神发展的另一个重要方向。大学精神不是人为可以简单设定的,它的形成是多重因素长期相互撞击和融汇的结晶,师生员工生活在高职学院中,也对高职学院的大学精神塑造奉献着自己的力量。

1. 决策者和管理者是高职学院的领航者和号角手

职业院校的决策者和管理者是一所高职院校精神的灵魂和引路人,是高职院校前进的舵手。古往今来无可争辩的事实表明,高职学院的党委、行政作为大学的最高管理者对大学风格的形成具有巨大的影响作用,是推动大学前进和发展的直接驱动力。大学是社会文化发展的产物,承担着传承、发展、创造先进文化的历史重任。这要求高职院校的决策者和管理者对大学文化建设在整个大学工作中的地位、作用有清醒的认识。作为一所高等院校,要承担起传承、发展、创造先进文化的历史重任,不断提高办学水平与质量,必须高度重视大学文化建设,坚持以先进文化铸造大学的灵魂与基石,形成深厚的优秀文化传统积淀和鲜明的大学文化特色,建设内涵丰厚、特色鲜明的大学文化。

首先,在很大程度上,高职院校的决策和管理职位不仅仅是权力的象征,还是人格、学术的象征。决策者和管理者的影响力主要来自两个方面:一是权力,由其社会地位赋予;二是个人的学识才能、组织方法、领导艺术和人格魅力,由个人努力获取,称为非权力性影响力。往往非权力性影响力要比权力更能影响一所大学的发展。而人格魅力是非权力性影响力的最高境界,是最为持久的影响因素。

其次,高职院校决策者和管理者的办学理念对大学的发展至关重要。世界许多大学保持自己一定的特色与优良的文化氛围,在很大程度上都体现着他们的办学理念。因此大学校长应以培育和呵护大学精神为立足点,形成自己的办学理念,并在实践中不断地改革和完善。这要求大学校长深刻认识大学的性质和任务,理解教育,掌握科学的管理方法,并能把握时代的脉搏,抓住机遇,凝结全校师生员工的力量共同建设高职院校。

2. 教师队伍是高职校园精神的开拓者与传播者

高职院校教师的综合素质对塑造大学精神具有举足轻重的作用。高职院校教师在经过长时间大学校园生活的积淀后,形成对大学历史、现实和未来的一般认识和稳定感,成为"大学精神"的直接体现者,是大学校园文化的中坚力量。高职院校教师自身素质的高低直接影响大学生人生观和价值观的确立。因此要以"大学精神"为依托,加强高职院校教师素质建设,高职院校教师队伍是高职校园精神的开拓者与传播者。

从高职院校教师的实践活动看,高职院校教师主要承担了三种社会角色,即教育者、研究者和大学生的引路人。作为一个研究者,高职院校教师必须结合新情况对职业教育的发展的相关领域开展调查研究,探寻职业教育的规律,服务地方经济。作为一个教育者,高职院校教师应热爱学生,关注学生身心的发展,重视"人"的教育除了教授学生前沿性的学科知识和学习方法外,还要让不同个性的学生得以自我建构、自我发展,同时不断加强自身的教育能力修养。作为大学生的引路人,高职院校教师要站在学生亲友的立场为大学生提供不断发展的建议,引导学生素质全面发展,成为受社会青睐的人才。

要做到这一点,主要从两个方面进行:一是作为组织、机构的大学要对高职院校教师进行培养,为高职院校教师提供一定的学习机会以及改善高职院校教师的工作条件与环境,促使高职院校教师更好更快地成长与发展。二是高职院校教师要不断进行自我修养,吾日三省吾身,在社会实践活动中不断调整自己、完善自己。

3. 高职院校学生是大学精神的受益者和弘扬者

作为大学校园文化主体之一的大学生对自我价值的认知、践履实际上就是"大学精神"的衍生、外化的过程,是"大学精神"的受益者与弘扬者。必须加强大学生主体素质的建设,特别是大学生"人文精神"的教育,以此树立大学生正确的价值观、人生观、世界观。因此大学校园文化建设要以弘扬大学精神为主旨,利用各种途径和条件对大学生进行价值观教育,而不仅仅是学生生活文化建设。还要加强大学生的人品教育、人性教育、人格教育和人伦教育,在开展校园文化活动的过程中,突出立德、立言、立行、立性等内容,着力提升大学生文化修养,涵养大学生的文化底蕴,化育大学生的文化品格。

(三)高职院校应该具备什么样的"大学精神"

1. 求真务实严谨创新

大学是认识未知世界、探究客观真理、为人类解决面临的重大课题提供科学依据的前沿阵地和知识创新、推动科学技术成果向现实生产力转换的重要力量。为此必须弘扬求真务实、严谨创新、追求卓越、艰苦奋斗的科学精神。

当求真务实、严谨创新成为一种大学精神,高职院校学生要想在社会中作出一番成就,在激烈的竞争中求得生存与发展,在各种领域都有一定的影响力,就要培养并保持具有自己特色的大学精神。一个人的精神能反映一个人的气度和性情,一所大学就像一个人一样,特有的精神风貌能反映一所大学的内在品质,大学精神就是在大学不断地发展的过程中,逐步积淀而成的一种内在的气质,是学校核心竞争力的集中体现。大学精神主要体现在学校的学风、教风、师德、师风。高职院校要想培养创新人才,就必须具有产生创新素质的文化土壤,这将是高职院校校园文化建设的核心任务。因此,要加强观念文化建设,确立大学生创新素质培养的行为导向;加强校园制度文化建设,创建大学生创新素质培养的动力机制;加大校风文化建设力度,营造良好的育人环境;加强组织文化建设,提供大学生创新素质培养的全员环境;加强物质文化建设,确保大学生创新素质培养的实效性。

2. 吃苦耐劳乐业敬业

"乐业敬业"是一个宽泛的概念,它包含着两重内涵:即教师乐教与学生乐学。对学生而言,一是对于学生进行无论从事什么职业,都要全力以赴地投入,尽心尽力地做好教育。这个"职业"无论是学生设计和想象中的,还是设计想象之外的,也无论这个岗位是否符合学生的专业、特长、兴趣、爱好,学生都要以充分的责任心去对待它。二是对于学生所学专业指向的具体工作岗位热爱的教育,学生必须通过对于适应岗位的专业知识和技能有充分的把握,不断地强化对岗位的理解,强化对于岗位的感情,使将来走向岗位时能够全身心地投入其中。"敬业精神"两个方面的内涵是在校园文化建设中进行爱岗敬业教育的切入点。教师在教学过程中以身作则,表现出的乐业敬业精神对大学生有积极的引导作用。在大学精神的塑造中,通过校园文化建设实施敬业精神的培养对大学生来说,必须从与职业密切相关的专业兴趣引导开始,明确职业院校具体定位,明确现在的学习与将来从事职业之间的密切关系,从而明确自己的学习目标,培养对专业的兴趣。

3. 以人为本民主法治

贯彻以人为本理念,充分调动师生参与学校管理的积极性。无论是管理体制还是学校的具体运行过程,高职院校应充分发挥人力资源优势。我国高职院校也非常重视发挥师生在学校管理方面的重要作用,具体可以从以下几方面入手:牢固树立以人为本的思想,增强"教学以学生为本,办学以教师为本"的管理理念,制定的措施要以是否有利于教师、有利于学生的发展为出发点和落脚点。建立健全相关法规制度,明确师生的权利和义务,确保师生能够依法参与高职院校的民主管理和民主监督。进一步发挥教代会、学生会、团委等群众组织的作用,使其成为推动高职院校民主化建设进程、促进高职院校健康发展的重要力量。高度关注民生,抓住师生最关心、最直接、最现实的切身利益问题加以解决,为师生提供周到细致的服务。

高职院校应倡导和贯彻以人为本并以学生为中心的办学理念,学生一踏进校门,就会得到各种较好的服务。学校设有为新生服务的专门网站,提供如何申请专业等各种信息服务;学生一进校就可拿到"一通卡",用于复印、传真、就餐、借用图书;学校专为学生设立咨询人员、设立学习服务中心,任何有困难的学生都可以申请免费的专人辅导;让高年级学生为低年级学生提供一对一的帮助;对某些成绩差的学生举办专门的补习班;对少数民族学生进行语言强化训练,帮助他们克服学习障碍;对残疾学生提供特殊服务;学校对困难学生实施贷款,学校设立有专门的就业指导中心,并经常与雇主联系、为学生搭建就业桥梁。

二、成为先进文化建设的示范基地

大学引领着社会文明的方向,为社会发展提供着动力引擎。大学在现代社会发挥着更加突出的作用,在一定程度上说,一个国家的现代化发展水平取决于这个国家高等教育的发展状况,大学的功能和地位决定了高职院校校园文化的品质特性。在整个社会主义文化建设过程中,高职院校应当成为创新、传播和弘扬先进文化的重要示范园地,发挥对社会文化的引领和辐射功能。

高职院校是一个特殊的文化领域,是各种先进文化创新和发展的重要领地,它承担着传播科学思想、先进文化和培养人才的重要职责。面向未来创造符合时代潮流的新文化始终是高等学校的内在要求。新的时期,高职院校要站在时代的制高点上继承和吸收古今中外各种优秀的文化成果,不断开辟崭新的文化视野,促进中国特色社会主义文化的繁荣,从而成为先进文化创新与发展的示范基地。

(一)高职院校应该是创新和发展先进文化的示范基地

高职院校校园文化在发展过程中既注重吸收社会文化的积极因素,又对社会文化进行总结和升华,不断超越社会文化的表面化和浅薄性,克服社会文化的浮躁性和功利性,从而保持着自身独特的文化品格和个性精神。也只有这样,高职院校校园才可以成为先进文化建设的示范地,以其独有的文化观念、思维方式、行为方式影响着社会文化的发展趋势,引领着时代发展的新潮流,为社会发展提供宝贵的精神资源。在百年中国大学发展的历史上,很多高职院校之所以在先进文化的创新和发展上作出了杰出贡献,就在于成功地实现了对社会文化的批判和超越。

(二)高职院校应该是传播和弘扬先进文化的示范基地

首先,高职校园应该成为先进文化传播和弘扬的重要阵地。高职院校在传播和弘扬先进文化方面应该担负起重要职责,发挥引领社会文化前进方向的作用。今天,随着改革的不断深入,人们的思想观念日益复杂化、多样化。在这种情况下,高职院校只有保持自己的独立性和超越性,才能成为先进文化传播和弘扬的重要阵地,不断给广大学生提供符合时代方向的精神食粮。

其次,以大学讲坛为主渠道充分发挥教师在传播先进文化中的主导性作用。学校的讲台就是文化传播与弘扬的最好舞台,广大教师是传播先进文化的主导者,在传播先进文化上发挥着重要的作用。教师对先进文化的态度直接影响着广大学生的思想倾向,教师对先进文化的理解程度直接影响着广大学生的接受程度。因此,教师必须认清自己的神圣使命,自觉地认识到传播先进思想文化的重要性,将自己的研究心得通过课堂教学传授给广大学生,使学生们直接得到先进思想文化的熏陶和启示。同时,在传播先进文化的方法上进行必要的改革与创新,增强教师和学生之间的双向互动性,从而提高先进文化传播的效果。这样,一方面,教师在传播先进文化过程中的作用不断提高;另一方面,学生在接受先进文化过程中的积极性和主动性也相应得到了提高,自觉增强对先进文化的理解和认同,不断用先进文化来武装自己,成为先进文化的实践者。

最后,以各种文化讲座为载体传播和弘扬先进文化。开展各种层次的文化讲座是丰富校园文化的重要形式,也是传播先进文化的重要载体。高职院校可以经常举办新时代中国特色的社会主义理论教育、国情教育、形势和政策教育,使学生在各种文化思潮的冲击中保持正确的方向;可以经常进行哲学、文化、艺术、经济、法学和现代科技等方面的综合教育,扩大大学生的知识视野,提高他们的思想文化素质、艺术表演和欣赏能力、实践创新和组织管理能力;可以加强民族传统文化的教育,积极继承和弘扬民族传统文化的优秀遗产;也可以弘扬具有时代气息的先进文化精髓和反映时代精神的先进典型人物与事例,不断提高学生文化心理的需要层次;学校还可以举办针对各种社会热点问题的文化研讨,通过大家的共同交流,辨别是非,使先进文化得到弘扬,促进大学生思想的不断成熟。目前,高职院校校园里的文化讲座形式多样,丰富多彩,极大地深化了校园文化的内涵,活跃了校园文化的气氛,这些文化知识讲座已经成为传播和弘扬先进文化的重要载体和渠道,发挥着用先进文化引导人、教育人的积极作用。

(三)高职院校应该是塑造人和教育人的文化示范基地

高职院校是先进文化创造、传播的重要领地,也应当在以先进文化教育人、塑造人等方面发挥示范作用,为先进文化的实践化探索了成功的方法,积累了成功的经验。

首先,高职院校要突出用先进文化来教育学生。先进文化是富有生命力的文化形态,体现了时代发展的要求,代表了社会发展的前进方向。先进文化的价值和意义最终体现为塑造和培育出具有先进文化精神气质的社会主义建设者和劳动者。但是,先进文化的社会意义并不是自发地实现的,它并不天然地为人们所接受,成为人们思想和行动的准则。因此,如何创造性地将先进文化落实到每个社会成员的心中,转化为人们行为的精神动力,这是需要进行探索和研究的。在这方面,高职院校要走在社会的前列,不断积累经验,探索出科学的方法和路径。在开展各种文化教育实践中,高职院校要带头用先进文化教育学生、武装学生,提高先进文化实践的成效,并为社会主义文化建设提供示范作用。实践证明,先进文化只有真正走进大学生的心灵深处,内化为广大学生的心理基因,才能发挥先进文化教育人、引导人、鼓舞人、激励人的作用。才能促进广大学生自觉地以先进文化为思想和行动的指南。只有这样,高职院校才能培养出具有先进文化精神品质的合格人才,才能促进学生自觉地按照先进文化的价值观念和思维方式来规范自己,不断为社会的发展和进步作出应有的贡献。

其次,高职院校要发挥好网络阵地教育人、引导人的作用。新形势下,随着电脑网络的逐渐普及,网络给人们的思想观念、学习方式和生活方式带来了巨大的变化。当代大学生几乎是伴随着信息网络长大的,网络世界成为他们学习和生活的重要空间。但是,网络文化具有两重性。一方面,网络文化信息资源充足、传播速度迅速;另一方面,网络文化垃圾大量存在,这些内容对大学生的世界观、人生观和价值观产生巨大的冲击。因此,校园文化建设中,高职院校要加强网络文化的建设,不断拓展校园文化建设的渠道和空间,积极开展健康向上、丰富多彩的网络文化活动。建设思想性、知识性、趣味性和服务性于一体的校园网站,牢牢把握网络文化建设的主动权,使网络成为社会主义先进文化创造、传播和弘扬的重要阵地。良好的校园网络文化将提高大学生对各种腐朽文化的判断能力和抵御能力,既满足大学生学习知识、休闲娱乐的文化需求,又引导大学生汲取社会主义先进文化的营养,净化心灵、陶冶情操,从而不断实现用先进文化教育人、改造人的目的,促进大学生的健康成长。

最后,高职院校先进文化教育要发挥好学生的自主性作用。文化教育功能的实现关键要激发教育对象的主观能动性。高职院校开展先进文化教育活动,教师的主导性作用非常重要。但是学生的自主性作用更是基础,大学生正处在走向成熟和独立的年龄阶段,他们渴望在学习和教育中发挥自己的主动性和创造性。高职院校开展先进文化教育必须适应大学生学习心理,善于调动广大学生自我教育、自我管理和自我提升的自觉性。这样,校园文化教育活动就由外在的强化转变为大学生们内在的自觉追求,教育的效果也因此而得到极大程度地提高。在高职院校的校园里,人们经常看到学生自主性组织的各种文化活动,诸如大学生文化论坛、先进文化学习心得交流会、球类比赛、知识问答、演讲比赛、科技创新大赛等。这些文化活动的开展不仅增强了大学生的主体性意识,拓宽了大学生的文化视野,锻炼了大学生的活动能力,而且也极大地丰富了校园文化的内容,创造了浓厚的校园文化氛围。

三、营造培育"实用"型人才氛围

人是社会环境的产物,特定的校园文化氛围是教育人、塑造人的重要条件。良好的育人氛围无形中规范和引导着大学生的行为方向与价值选择,激发广大学生蓬勃向上的精神追求。新的时期,我国高职院校校园文化建设要在创造健康向上的育人环境方面多下功夫,努力培育良好的校园风气,为广大学生的成长、成才提供可靠的文化支持。

(一)培育良好的校风、教风和学风

教育部和共青团中央《关于进一步加强高等学校校园文化建设的意见》指出,高职院校校园文化建设要"以实施科学文化素质教育为基础,以建设优良的校风、教风和学风为核心,以优化校园环境为重点,以树立正确的人生观、价值观为导向"。这既强调了校风、教风和学风在高职院校校园文化建设中的重要作用,又给高职院校校园文化建设指明了方向和路径。

1. 职业特点的校风

良好的校园风气体现了健康向上的文化气质,反映了合乎时代进步要求的价值取向。良好的校风对于生活、工作和学习在校园中的每个成员产生积极的影响,促进广大教师和学生形成奋发向上的精神状态。同时,好的校风是高职院校品牌的象征,对广大学生具有极大的吸引力。当前,校风不仅成为高职院校树立形象的重要内容,也是高职院校提高自身竞争力的重要手段。

校园风气占据校园的每个角落,为大学生的健康成长提供可靠的文化环境。良好的校风是由生活、工作和学习在校园里的全体成员共同打造的。但校园管理者和组织者的工作作风、生活作风往往对校园风气的形成起着重要的引领作用。他们的一言一行都将影响学生们的思想和行为,他们身上的闪光点将成为学生们效仿的对象,这无形中规范着大学生的思想和行为。因此,在校园风气的形成中,校园的管理者和组织者要带头转变思想作风、工作作风和学习作风,为广大学生做出良好的榜样。当然,优良的校风是在长期的教育实践活动中逐渐形成的,需要人们坚持不懈地努力,不断根据时代实践的要求进行改善、净化和提升。

校风是学校风气的总称,包括学风、教风、学校的领导作风与党风,它是"成职精神"的综合反映。

2. 敬业勤业的教风

良好的教风是教师素质的集中体现,是教师高尚品德和知识智慧所展现出来的精神风貌。好的教风是一种无声的力量,它会激发学生勤奋学习,促进学生养成良好的精神品格。因此,校园文化建设要注重开展教风建设,积极建设"志存高远、爱国敬业、为人师表、教书育人,严谨笃学、与时俱进"的优良教风,让好的教风来促进和带动好的学风。

好的教风体现在很多方面。首先是教师高度的敬业精神,教师是知识的使者,是文明的火炬,是人类灵魂的工程师。教师的敬业精神表现在对教师职业的无比热爱,认识到教师岗位是非常光荣而神圣的,从而树立爱岗敬业的精神,不断提高自己的教学和科研水平,将一流的科研成果奉献给学生,用一流的教学艺术教导学生,把自己的青春和热血奉献在培养人的舞台上。其次,教师要热爱、关心和尊重学生。教师要在学习上严格要求学生,在生活上亲切关怀学生,用高尚的情怀感染学生,用美好的心灵激发学生。在日常的教学和生活实践中,教师要有平等、宽容、民主的精神,允许学生大胆创新,独立思考,甚至对教师的观点进行反驳和批判,让学生具有"我爱我师,我更爱真理"的勇气。教师要和学生交朋友,真正成为学生的良师益友。

3. 学以致用的学风

好的学习风气有利于同学之间相互促进、相互竞争从而推动学生不断追求知识、积累智慧和增长才干。相反,不良的学习风气不仅影响大学生的学习效果,而且还影响着大学生正确人生观和价值观的形成。因此,加强学风建设,努力形成良好的学习风气显得十分重要。一般来说,好的学风至少体现在四个方面:

一是学习目的明确。学习的根本动力来自学习目的。一个有着远大理想的学生必然学习态度端正,必然会认真地对待学习的每一个环节和每一个内容。

二是学习高度自觉、刻苦勤奋。这是搞好学习的重要保证,有了这种精神,大学生就会对新思想、新知识、新文化如饥似渴,积极主动地拓展自己的知识视野,完善自己的知识结构。

三是讲究学习方法。科学的学习方法会产生良好的学习效果,坚持科学的学习方法就要做到理论联系实际,坚持学以致用,在理论和实际的互动中增强学习的针对性和实效性。

四是思考和发现问题。学习不仅是知识的积累,也是智慧的提升。大学生在学习中不仅要善于克服理论知识上的盲从,而且还要能够在发现问题的同时推进理论的创新与发展。

高等职业教育是培养面向基层的高素质高技能的应用性人才。高职院校的学风除具备上述四个方面的一般要求外,还应当特别强调学以致用的务实学风,学习目的要明确,态度要端正,既善于学习书本理论知识,又善于学习实践操作能力;既善于向教师学习,又善于向师傅学习,培养严谨务实、学以致用的学风。因此,要加大学生管理、引导和教育的力度,培养优良学风。

(二)开展丰富多彩的文化活动

高职校园开展演讲、辩论赛、艺术节、体育节和社团节等活动有利于陶冶大学生高尚的情操。在活动中相互启发、互相激励、增进友谊、共同发展,这不仅排除了大学生心理压力,而且也能促进学生的健康情绪和个性品质的形成。在文化活动中大学生展示了自己的才能,锻炼了自己的实践能力,既增强了大学生的自信心,又能取长补短,不断完善自己。

新的时期,高职院校开展校园文化活动要善于充分发挥广大学生的主体性作用,特别是要创造性地发挥学生社团在文化活动中的主力军作用。社团是自主性的大学生组织,学生社团可以在文化活动中承担起组织、动员的社会功能。学生社团是广泛开展各种文化活动的重要组织载体,是实现大学生自我管理、自我教育、自我组织的重要方式。学生社团由广大学生组成,又服务于广大学生,社团组织的活动往往直接体现了广大学生的学习和生活需要,具有强大的吸引力和感召力,可以激发大学生的参与热情。目前,高职院校学生社团开展的文化活动很多,从学术文化研讨到消遣性的文化娱乐活动,从施展才艺的文化艺术表演活动到奉献爱心的志愿者活动,再到锻炼身体的体育活动等,既合理释放了大学生的能量,又展示了学生的才能。可以说一个高职院校学生社团的发展水平就是一个高职院校校园文化发展水平的重要标志。

(三)建设优美安全的校园环境

人创造环境,环境反过来影响人。优美、安全的校园环境是一种无声的文化,生动地体现着高职院校的文化品位和精神追求。高职院校校园的每个角落,从教室到餐厅,从体育场到图书馆,再到学生宿舍,都应该布局合理,充满人性,体现深厚的美学意蕴,校园环境是很好的文化教育资源,这种文化资源不是一种教化,也不是强制性的规范与约束,它对人的作用是润物细无声的过程,让人们在不知不觉中感受着心灵的愉悦。好的环境给人以美的精神享受,给人以无声的启迪和教育,使大学生在不知不觉中得到熏陶,审美意识得到开发,从而自觉地按照美的结构来规范自己的行为,实现身心和谐。在美化校园过程中,高职院校可以种植一些具有人文品格的花草树木。像松之挺拔、兰之幽香、竹之虚心、菊之傲霜、荷之高洁,这些植物所具有的人文品质被人们长期称颂,几乎家喻户晓。面对这些植物,学生不仅会得到美的享受,还能够得到特定的道德境界的升华。美好的校园环境弥散着深刻的文化气息,具有潜移默化的教育功能。面对环境优美的校园,大家自然会珍惜和爱护美好的校园环境,学生自然不会出现与这种环境不相符合的行为。诸如随地吐痰、乱丢垃圾、乱跑乱叫、打架斗殴、乱写乱画等不良行为,在优美的校园环境中会自然减少。同时,高职院校还可以建造各种人文雕塑,提升校园环境建设文化品位。这种雕塑可以是反映时代精神的艺术作品,也可以是历史文化名人。精美的雕塑不仅装点着校园环境,而且也渲染着校园文化的氛围。这种体现着一定思想文化内涵和价值资源的人文雕塑实际上是一种文化丰碑,也在无形中影响着大学生的思想。

在搞好校园美化的同时,高职院校还要注重校园安全建设。人的需要是多重的,在人的需要体系中,安全需要处在十分基础性地位,它构成了其他各种高层次需要的前提。高职院校校园是广大学生和教师学习、工作和生活的场所,校园安全直接关系着广大教师和学生的切身利益。校园安全措施得力,校园秩序良好是广大教师和学生正常学习、生活的重要保障。

作为高职院校,培养高素质高技能的技术应用性人才是学校的主要任务,高职院校必须以安全、健康、环保、真实的理念装饰布置各实训室,安全方面主要是设置各类安全警示和逃生指示标志,张贴安全生产的宣传图片、安全生产守则和突发事件处理办法示意图等,配备急救箱和消防设施,增强学生的安全意识;健康方面主要是将以人为本理念引入实训室的建设与装饰,强调人是生产力的第一要素,强调相关行业职业病的预防,设置通风设施,确保实训室内无空气污染等;环保方面主要是专门设置"三废"回收装置,注重环保节能,让学生树立环保意识;真实是指校内实训中心建设力求与企业生产设备及工艺流程一致,同时在装饰时融入企业文化元素,模拟真实企业工作场景,如选择一些企业常用的宣传标语,实训室地坪采用现代化工厂常用的分区方式,划分出生产区与安全区等,营造现代职场环境,培养学生的职业意识。

(四)校企共建校内外实践基地

校内实践基地建设属于仿真型建设,主要是指校内模拟实验室的建设,学校要大力投资建设各类模拟实验室,改善实验条件,引进先进的管理信息应用技术,特别要发挥高职院校资源共享的优势,组建高职院校实验中心,这在学校办学经费紧张的情况下是一种行之有效的方法。努力营造创新教育的氛围,在校园里要营造民主、自由的学术环境,鼓励各种学派、学术思想的自由讨论和不同观点的平等对话,保证和支持学生的好奇心、自尊心和自信心,把学习过程变得丰富多彩,挖掘和保护学生创新的"灵感",宽容学生的失败。同时要树立一种严谨求实的作风,建立严格的教学管理制度,扎扎实实培养学生的实践创新能力。大学生在校内实践教学基地中能够感受到职业纪律,有利于提高职业技能,养成较好的职业素养。

四、SWOT导向高职校园文化的战略规划

基础决定水平,特色决定地位,创新决定前途。要做好高职学院的校园文化的战略规划,高职院校应该立足SWOT分析法,正确评估自己的地位和作用,这就必须了解高职学院目前存在的优势、劣势、机遇和威胁。

企业面临的竞争环境分为内外两部分,内部环境主要指企业自身的相对优势(Strengths)与劣势(Weaknesses),而外部环境主要指企业面临的机遇(Opportunities)与威胁(Threats)。SWOT就是优势(Strengths)、劣势(Weaknesses)、机会(Opportunities)和挑战(Threats)的第一个字母缩写。

(一)高职院校发展中的优势

高职教育是以培养适应生产、建设、管理、服务第一线需要的高等技术应用型人才为根本任务的教育体系。因而,以能力为中心的培养模式,以岗位或岗位群需要进行的专业建设,实践教学的比重要求,"双师型"教师队伍的结构比例以及产学结合的基本特点,决定了

高职教学不同于普通的本、专科教学,高职院校在发展中有自己的优势。

1. 高职院校人才培养方式与企业需求结合紧密

高职教育应该是跟企业联系更为密切的一个特殊的教育,它决不能脱离社会经济特别是企业而存在。高职院校长期和企业有紧密联系,在经济建设和企业发展中,特别是在产业结构调整中,最了解本企业需要什么样的人才,所设专业大多是由企业产业结构中的现存专业工种沿袭而来,专业设置贴近社会经济发展的实际。一是教学目标、教学内容可以从企业人才需求的实际出发,学校与企业共同制定;二是在教学过程中,既可以把企业高层人才"请进来",作为兼职教师授课,又可以让教师学生"走出去",到企业现场进行演示教学和实际操作;三是把学生的实习同企业的生产相联系,变消耗性实习为经营性效益性实习,使学生的实习有所收益;四是把教学科研活动与企业技术革新改造结合起来,在实现教科研服务企业的基础上,增强学校的科研能力和学术研究氛围。

2. 可以运用企业资源弥补教育资源的不足

由于高职办学的专业结构是随着社会岗位群的需求来设置和调整的,专业调整变化较快,又不可能随时充实设备。将企业大量的先进设备用于教学,就成为企业高职院校的现实可能。譬如数控机床、电子设备、通讯设备、实验矿井等,学校完全可以利用企业的教育资源为教学服务,实现教育资源的优化配置、合理利用。高职院校在努力提高本校教师队伍整体素质的同时,可外聘兼职教师,以满足教学需要。而企业恰恰有大批的既懂理论又具实践操作技能的高层次人才,比如各专业工种的专家和技术人员、岗位操作能手等,都可以受聘到高职院校教学岗位上来。企业还可以把大学毕业生放到基层锻炼几年,然后再调入学校任教,这是企业举办的高职院校"双师型"教师培养的有效途径。

3. 就业优势明显

高职院校的生命在于毕业生的就业率。技术和职业教育与培训的目的,就是授人以渔,为就业者直接架起桥梁。如果你培养出来的人才,得不到社会的承认,不能适应市场的需要,那你的办学就是失败的。高职院校在专业设置时首先考虑的是是否适合市场,同时,企业的岗位也能为毕业生提供初次就业保障。

(二)高职院校的战略规划和应对策略

第一,立足行业企业优势准确定位,促进高职院校特色发展。学校定位主要是指学校要根据自身的条件和社会需要,找准自己的位置,明确在一定时期学校的发展目标、类型、层次、办学形式、服务面向等方面的定位。高职院校的科学定位是高职院校生存发展的前提,科学定位就是高职院校要把服务于社会对职业型人才的现实需求和学生就业作为最主要的办学方向。科学定位应包括四层含义:第一是人才定位,即培养什么样的人才;第二是人才怎么培养;第三是要找准自己在整个高等教育和本地高等教育中的地位;第四是要科学地确定学校在经济社会发展中的作用,就必须坚持科学的发展观,以育人为中心,正确定位,明确自己的办学方向,凝练办学理念,构建学院之魂,立足市场,以其优质的硬件环境、灵活的办学方式、鲜明的办学特色、良好的品牌效应、雄厚的师资力量、高质量的人才培养规格、较高的就业率走出一条独特、先进、稳定、健康、可持续发展的道路。

与企业合作共赢,企业将自身的教育资源拿出来,为社会服务,既展示了企业的文化形象,又为国家培养了人才,既发展了学校,又兼顾了社会责任,企业也乐意这样做。

第一,企业每年还要有大量的办学经费投入,投入就要有产出,除了使企业需要的人才能够通过高职院校办学培养进行补充外,还要通过扩大办学规模、提高教育教学质量来取得经济上的收益,使高职院校办学成为企业经济发展中的一个增长点。根据地方岗位群需要设置专业,专业设置的面很宽,虽然给教学的组织带来了一定的难度,但体现了高职院校人才培养与企业和地方实际相结合的特色。

第二,教育内容体现素质教育的要求,强调教学内容的针对性、适应性。根据高职教育的实际安排教育教学的结构比例,做到基础理论教学"必需、够用",专业课教学体现特色,技术基础课能够适应岗位需求。学校把理论课教学与实践教学之比定在1∶1,在实际操作中达到了6∶4。为了兼顾针对性和适应性,学校不是套用现有的高职院校和大专教材,而是在普选教材的基础上,发动教师自编部分教材,形成工作过程导向的课程体系。

第三,根据高职院校人才培养目标强化课程建设,改革课程体系。构建以综合性、实践性、先进性、选择性为基本框架的课程体系,就是"系统+模块","主干+辅助",逐步增加选修课的比例,强调公共基础课够用,专业技术课扎实,专业课突出特色,依据培养目标确定专业主干课,由专业主干课决定专业基础课和必要的公共基础课。这样,使公共基础课、专业技术课、专业课的比例更加合理,能够满足学生职业岗位的要求。

第四,建立符合高职院校教学计划的称职师资队伍。在这里,企业高职院校可以采取三种措施:一是学校自身培养既懂理论又有实际操作技能的"双师型"教师,可将从大学毕业应聘而来的青年教师放到企业顶岗实践一个阶段再回学校授课;二是从企业和社会大量聘请具有高职院校教学能力的兼职教师,既可以密切学校和社会的联系,又可以降低办学成本,还有利于专业的适时调整,一举数得;三是在企业和社会建立后备教师储备库,以保证专业调整和办学规模扩大用人急需。

第五,广泛挖掘企业教育资源,强化实践教学功能。除了校内通过企业投入或由企业所属单位支持援助建设有自己特色的教学设施(譬如教学实验楼)外,学校还可通过企业在所属的二级单位建立与专业教学相关的实习实训基地。企业的教育资源是丰厚的,特别是实践教学的资源是一般普通高校所不具备的。积极开发和合理利用这些教育资源为高职办学服务,本身就是一大特色,对完成高职院校的育人任务起着很重要的作用。

第六,企业参与用人培养目标的制定和专业的管理,有利于高职院校人才培养与企业吸纳的衔接。用人单位参与办学,只有企业高职院校能够率先实现。在一般情况下,企业高职院校在专业设置、教学计划、课程内容、教学方法等教学过程和提供兼职教师、提供生源、教学设备、实训条件、办学经费等方面都得到企业的大力支持。同时,为加强专业的教学管理,学校还可与企业共同成立由专家组成的专业指导委员会,形成以指挥、评价、督导、反馈为基本内容的专业教学管理运行机制,保证教学质量。这样培养出来的人才比较符合企业要求,企业也愿意接受。

总之,高职院校应明确方向,科学优化专业结构,加大投入,努力提高队伍水平;以课程建设为突破口,培养一流实用人才,以应用研究为根基,以创新为生命,努力提高科研水平;实现资源优化配置,提高管理服务水平;全方位实施国际化战略,努力提高国际化办学水平。

五、引入 CIS 识别系统造就特色校园文化

CIS(Corporate Identity System)直译为企业识别系统,俗称企业形象战略。CIS 的简写和高职学院识别系统(College Identity System)的简写"CIS"一致。原来的 CIS 是一种将企业的经营理念识别(MI)、行为识别(BI)、视觉识别(VI)三大系统经过同一化整合,塑造良好企业形象的整体性、全方位性、系统性经营战略。CIS 战略通过统一的视觉设计,运用整体的个性精神,对企业产生一致的认同感和价值观。如今的 CIS 战略不仅运用于企业,而且在城市形象设计、明星包装等方面都有广泛的应用。CIS 战略是目前企业与城市建设中普遍推行的形象战略,其价值、功能对校园建设也是适用的。如今人们将 CIS 战略移植到校园文化建设,在形象整饰中进行全方位的构思与设计,对各种要素进行设计整合、形体塑造、结构优化和修饰维护,从理念行为与视觉上将形象整饰过程统一化、系统化,可以明确办学理念和目标,凸显高职学校特色,内化校园价值观念,弘扬校园文化精神,全面推动校园文化建设。

根据 CIS 战略,高职校园形象整饰可以从以下三个方面进行:校园理念系统 CMIS(College Mind Identity System)、校园行为系统 CBIS(College Behavior Identity System)和校园视觉系统 CVIS(College Visual Identity System),其中理念是基础、行为是主导、视觉是桥梁,三者互为因果,缺一不可,三大系统分别对应着校园文化的三大层次。经济形势不同,文化不同;地域环境不同,文化亦不同,所以校园物质文化建设应因校制宜。从净化、绿化、美化入手整治校容校貌,因地制宜地设计和规划校园环境建设,如校园广播站、名人宣传栏、评比栏、校园新闻、警示牌、科学家挂像等。

(一)校园理念识别系统

校园理念识别系统 CMIS(College Mind Identity System)是战略的原动力和基础,是整个形象的灵魂。对内它可以感染和激励广大师生员工,指明奋斗的目标和行动的方向;对外它又能展示出学校的特色风貌和进取精神,提高学校的知名度和影响力。校园理念系统应包括学校教育思想、办学宗旨、发展战略,同时也阐述校园价值观、人生信条,是学校学术思想、学风、教风等各种精神文化的浓缩,对应着校园精神文化,是校园最高层次文化的体现。

校园精神是学校的灵魂,每个学校都会随着历史的变迁逐渐形成自己独特的精神和办学理念。学校也应根据自身优势,结合社会需求,不同历史时期,办学的条件建设适合自己的校园精神。校园精神必须是积极向上、健康乐观的,既结合本校历史又展示时代的创新,这种精神要得到全体师生员工的认同,建立共同的价值取向,能够深入人心,推动整个学校的振兴发展。同时,在大的理念指导下,每个学校还要树立不同于他校的风格,没有特色风格的校园就犹如没有个性的人,很难给人留下深刻的印象。当然一味地标新立异、求奇求异,脱离了自身特点,也是不可取的。个性也需以人为本,以人的精神为内在支柱,以人的发展需求为价值导向。

(二)校园视觉识别系统

校园视觉识别系统CVIS(College Visual Identity System)是人类获得信息的主要渠道,统一、和谐、一致的视觉识别可以集中、明确、鲜明地传递信息,以其独特的"语言形式"促进沟通,通过欣赏和回味,渗透和内化校园理念、精神,它是CIS战略系统中最为外在和直观的部分,对应和体现着校园物态文化。

校园视觉系统的内容包括校名、校训、校旗、校徽、校歌、校标等标志性事物和校园建筑、景观、布局等。标志的整饰应该讲究风格统一、简洁精炼,同时也要避免单调和平淡乏味。独特而醒目的标志可以让人过目难忘,意蕴深刻的校训能够传达学校理念,起到凝聚团结、警示激励、振奋人心的特殊作用。尤其是在一些大型集体活动、学校对外交流活动中,它们能起到有效的识别功能和团结功能。在校园的景观布局上,好的修饰也能处处体现出一所学校的精神追求,为师生提供一种舒适、和谐的美的感受,身临其中,修身养性、陶冶情操、培养情感。

视觉识别系统是学校外观形象系统的标准化,是校园物态文化,包括高职院校的名称、标志、标准语、标准色,它们都是以物质载体的形式体现特定的校园文化精神理念。高职院校的名称一般都是用规范、标准的字体出现在各种场合,以便于识别。标志是以抽象或形象的形式浓缩精神理念的物质标记,可以由学校名称的字母、英文或变形构成,还可以由图案、几何图形、动物、植物等造型构成。标准字是高职院校的名称、某些以文字和字母表现出来的标志采用标准字形,包括字体、字的造型、字的颜色、笔画的粗细等要统一,标准色是一所高职院校的基本色调,在所有色彩中处于核心位置,它运用到名称、标志、环境布置上,寓意一定的文化内涵,以标志为例,基本设计应当从下面两个方面入手。

一是应用系统设计。在视觉识别设计中,精心打造"人文校园""数字校园""绿色校园",使校园的规划、景观、环境呈现一种和谐美。校容、校貌、自然物、建筑物等各种设施的建设要提升文化品位。它们既是校园文化的物质载体,也是校园精神文化传播的重要形式。一个幽雅的、健康的环境,对学生法律意识的强化、道德习惯的形成、个性的培养、知识才能的增长起着积极的作用。尤其是校园物质文化环境和人文环境建设的结合,使校园文化渗透到各个角落,大到一座建筑物,小到一句简单的问候标牌,使学生在自己生存的环境里耳濡目染、日积月累,形成观念,最后化为行动,受到文化氛围的熏陶。

二是校园物质文化环境的建设。校园的整体布局和分区要和谐、步移景异、动静有序,实现整体与局部美的有机统一,如广场、楼房、道路、湖山、园林、亭榭、雕塑散落在校园的各种文字雕刻校园板报的内容形式、办公室、教室、寝室的布置标语、名言警句、书画等艺术作品的悬挂等要注意体现学校的办学理念特色。校容、校貌、建筑物、自然物等都应该按"艺术"精品的标准来建设,大到一楼、一室、一路、雕塑、广场等,小到每一棵大树的树名和树龄、每一块草坪的养护都需要精心设计,还有校标、校徽、校服、校园网、学报、宣传栏、画册、宣传标语、指示牌、信封、稿纸以及交通工具上的标识都应力求精致、美观、有品位。这些物质设施和外在环境既是学校办学的基本条件,也是学校内在精神的外化,体现一个学校的文化内涵。职业院校跟企业联系紧密,从校园格局来说,注重学生动手能力的职业院校应有"校厂不分"的空间布置。职业院校应在校内设置各种校办企业,使学生有更多的机会置身于职业环境中,从而加深对职业道德规范和职业性格要求的理解。加强实习实训场地的建设,加大实践教学设备、设施的投入,让学生在真实或模拟的职业环境中学习技术、熟悉工作流程。学校还可以和企业联合投资、联合培养、联合经营,实现学校、企业和学生三方受益,校外的实习实训基地也是延伸了的校园,学生在那里接受的是更直接的企业文化的洗礼,在硬件中注入人文精神。职业院校跟市场联系紧密,建设职业特色的视觉识别文化可以根据实际情况,将校园内的广场、楼房、道路、教室、实训基地、设备仪器等都以名人、有业务往来的企业命名或者用一些自省、修身的词汇来表达,如办公楼的命名勤政楼、勤勉楼,教学楼的命名博学楼、笃行楼、敬贤楼、省身楼、术业楼、教苑楼、致知楼,实验楼的命名探知楼、实验馆、实践楼,图书楼的命名崇智楼、图书馆、博文楼、致理楼,学生公寓男生公寓朝晖公寓、雅志公寓,女生公寓春华公寓、明慧公寓,学生餐厅美食苑、博雅餐厅、百味餐厅。校园道路的命名智慧路、修远路、问礼路、行知路、励志路、崇文路、敬业路、勤学路、授业路、强健路、自强路、拓新路、厚德路、博雅路。广场是学校的标志性特区,是校训、校风、校园文化集中体现的地方,是学校的眼睛,因此,校园文化广场的装饰是重中之重,在大校门、办公楼、教室以及学生经常出入的地方要体现办学宗旨和人文特色的内容。如在大门或学校主要建筑物立面上篆刻校训,办公楼、教室悬挂科学家、名人肖像、名人名言,办公室、会议室、学术报告厅摆放台式国旗,悬挂伟人画像等,校园内还应增加名人石雕,刻上带有文化意义的文字,树木应标出它的品种、特征、特性、树龄在校园内增加名人石雕,刻上带有文化意义的文字,花草的养护水平要高,指示牌与提示语要温馨。校徽、校标、信封、文稿纸、提袋、校服、画册、学报、墙报、教材、光盘、校园网、学校产业产品的标识、交通工具和实验设备标识等都应该印上具有人文色彩的无声文化。另外,还要写好校史,建好校史陈列室。集中反映上级领导的视察,建校以来对学校有贡献的名人、优秀校友、优秀合作企业家或有过重要贡献的人。用优秀校友的人生经历和感悟、创业历程和成就,激励大学生立志成才报效祖国。应用设计要做到校园内随处可见的无声文化约束着每个人,激励每一个人。

  高职院校视觉识别设计的关键问题在视觉识别设计中,对学生影响较大的是校园网络和图书馆。教育信息化是校园文化的基础,网络信息资源是教育信息化的重要内容,高职院校要充分发挥网络信息资源为校园文化服务的功能,同时图书馆也在校园文化建设中发挥着重要的作用。建立适合高职院校发展和教学、科研需要的网络信息资源,发挥图书馆信息资源优势,为校园文化建设提供智力支持。

(三)校园行为识别系统

  校园行为识别系统 CBIS(College Behavior Identity System)包括各种准则、管理方法、教育手段、机构设置、培养方式和公益性、文化性活动,是理念的具体体现和动态实施,是展示学校形象的支柱之一,它对应着校园制度、方式、文化。校园文化本身就体现着学校精神风貌和文化状况。正如,有晨读的琅琅读书声,有实验室的挑灯夜战,有学术讲座的座无虚席,也有食堂的秩序井然。正是在学校的日常运转过程中,通过行为活动的动态沟通、强化、协调和整合,才能将校园理念、文化精神渗透到每个人心中,塑造出良好的校园动态形象。

行为的规范要从管理开始,人性化的制度管理,始终要体现人格性,为广大师生所认同。人的行为是可以通过强化来改造的,强化可分为正面强化和负面强化,惩罚手段的负面强化作用早已为大多数管理者们所采用,但正面的强化其潜力却未被充分挖掘。除了称赞、肯定,还应该多提供展示的渠道和方式,通过富有积极性的正面强化来表达出校园的行为意识。学校应该有意识、有组织地举办各种文化活动、学术活动,充分宣传、号召同学的广泛参与,即使不能亲自参与的人也要能够感受到浓浓的文化氛围,通过持久和连续的强化冲击,传递校园精神和文化理念。另外,更为重要的是在形式上体现高雅性、艺术性、时代性、实用性、高质量,高效用,真正起到教育、激励、娱乐的作用。

总之,高职校园文化建设的视觉识别系统设计要求每一所院校要有自身的特色环境,发挥环境的育人功能,在校园建设中要从长远和全局出发,要立足学校实际,有效地融合时代特色、地区特色和专业特色,要注重共性与个性的结合,继承与创新的结合,物质文化与精神文化的结合,科学精神与人文精神的结合。只有按照"系统规划、整体推进、分步实施、定期更新"的原则来进行,才能真正构建起既有鲜明特色、又有深厚文化底蕴和充满活力的高职校园文化。

第四章

高职院校形象文化建设

第一节 品牌文化与高职院校形象

在相当长的一段时间内,很多同志有意无意地把校园文化及其建设归入学生管理,把它与学校的专业设置、师资配备、课程开设等割裂开来,这势必使校园文化建设缺乏系统性和长远的眼光,削弱了校园文化在学校完成其培养目标过程中的作用,也使校园文化不能形成与学校特色相一致的特征,极大地限制了校园文化功能的发挥。其实,校园文化是高职院校品牌及形象文化的本源和基础,而高职院校品牌文化是校园文化的集中和展现。

一、高职院校品牌的内涵

解读品牌内涵的方便法门。"品牌"一词来源于英文单词"brand"或"trademark",原本是指中世纪烙在马、牛、羊身上的烙印,用以区分属于不同的饲养者。后来,就用以区分不同生产者的产品或劳务。由此可见,品牌的出现是市场竞争的结果。而现在,关于品牌的内涵或定义有许多种,也早已不完全是其最初的含义。初步归纳起来,大概可以分为四种类型。

（一）符号说

此说认为,品牌就是一种代表个性、具有区别功能的特殊符号,它从最直接、最外显的表面特征出发,将品牌看成具有识别功能的符号。许多世界名牌都有特殊的符号标志,都能给公众以强烈的视觉冲击。这些标志符号已经融到品牌的内涵之中,并成为品牌密不可分的一部分;在一些公众的眼睛中,标志符号就是品牌的全部。符号标志作为品牌的基本而必要的条件之一,有着重要而明显的识别、区分作用,但这并不是品牌的全部。识别一个品牌依靠的不仅仅是它的标志符号,而是品牌内涵所体现出来的理念、文化等价值核心。

（二）整合说

这一类的定义从整合的角度去概括品牌的定义,将品牌自身的综合因素全部概括整合。它认为,品牌不仅包括了品牌的名称、标志、包装等有形的东西,而且还将与品牌有关的要素,如历史因素、社会文化、市场竞争等都作为品牌的构成要素来考虑,从而整合出品牌的定义。在《品牌竞争时代》一书中,广泛意义上的品牌包括三个层次的内涵:首先,品牌是一种商标,这是从法律意义上说的;其次,品牌是一种牌子,是金字招牌,这是从经济或市场意义上说的;再次,品牌是一种口碑、一种品位、一种格调,这是从文化或心理的意义上说的。事实上,真正的品牌是存在于利益人的想法和心目中的。消费群体"缺席"的整合,不是也不可能是真正全面的整合。

（三）关系说

此观点的人认为,品牌是其产品与消费者之间的关系决定的。"关系说"强调品牌的最终实现是消费者来决定的,是社会舆论的结果,而不是自身的包装。消费者选择的消费及其倾向常常决定了一个品牌的命运;品牌转化为一种无形的资产,并体现出价值是需要消费者对产品具有良好的认识和情感。也就是说,品牌能够被消费者认可是与消费者的情感分不开的;否则,品牌就会面临严重的危机。如果说,"符号说""综合说"是分别从产品标准和产品自身来给品牌下定义的话,那么,"关系说"则是从产品与消费者关系的角度来概括并定义。"关系说"指出,产品设计得再好,得不到消费者的认可也只能是徒劳的;即强调"品牌与其说是属于生产者,倒不如说是属于消费更为合适"的观点。"关系说"从更为广阔的角度分析概括了品牌的定义,肯定了消费者对品牌塑造的作用,比"符号说""整合说"有更为广阔高远的视野。

（四）资源说

持此论的人认为,关于品牌的定义要从其价值的角度来概括总结,要从品牌的外延或经济学的立场上进行阐述,要突出品牌是一种价值,可以买卖和获利。"资源说"的解读,具有某种观念形态的创意,它指出品牌在一定程度上也可以脱离产品而存在。

上述四种定义,从各个方面或角度阐述了对品牌定义的内涵,其侧重点各不相同。具体可从以下三个方面理解品牌:品牌既具有显性的有形的因素,也具有隐性的无形因素,还具有互动的关系的因素。综合上述品牌的四种定义和三方面审视,这里将"品牌"试作如下定义:品牌是一种具有特定名称和标识、在特定文化基础上建立的与消费者在互动关系中产生的资产。需要强调的是,品牌是一种资产,是一种无形资产,它能够给拥有者带来效益,产生增值,它以名称、术语、符号、象征、服务、交流及设计等为载体,具有特定的文化底蕴,其增值源于消费者的认可和他们在心目中的整体估价。

显然,品牌不等于产品,品牌包含产品,产品表现品牌,是品牌的载体。品牌不等于名牌,品牌是一个过程,名牌是一个结果;对于一个产品或组织来说,打造品牌的目的是让它成为名牌;具有品牌价值的名牌才会永葆青春。品牌不等于商标,商标是一个经济法术语,是卖方采用且被法律保护的某种标识;而品牌更多的是一个经营管理概念,它包含了商标但不仅于此,品牌具有识别、凝聚和导向功能。

学校品牌是品牌的组织形态,也具有一般品牌的构成要素:

①学校品牌的显性因素主要指学校名称和标志,不少学校有自己的校像（主题雕塑）、校服、校色、校花,有些学校还有独特的整体布局、建筑风格、环境设计和校门造型等。

②学校品牌的隐性因素主要指学校的文化底蕴和质量水准,培养什么样的人？如何办学？如何育人？诸如此类的"内在规则"与人才观、质量观、管理观、教学观、师生观等,是学校在长期育人实践中积淀下来的校风校纪;而考试成绩、学生身心状况反映了学校教学质量的水准,这是学校品牌的生命线,教学质量不高,学校品牌毫无说服力。

③学校品牌的互动因素主要指学校与社会各界的关系状态。学校办得如何,不是由学校自身说了算,而必须用实绩向公众证明。学生家长、专家学者、生源学校、友邻单位、社区各界、新闻媒体和历届校友等与学校有千丝万缕的联系,学校品牌如何,就是基于他们的认可才逐渐形成的。

高职院校品牌实际上也是一种无形资产。它以院名、校标、理念、宗旨、师资、专业、课程及管理等为载体,能够给相关主体带来效益或给高职院校带来增值效应。当然,它还包括高职院校发展过程中所积累的整体优质水平;优质资源所带给家长及社会公众的认可度,带给学生的无限荣耀与快乐等。概括地说,就是高职院校的师资队伍、专业建设、文化氛围等方面在相关主体心目中的知名度和美誉度。

识者周知,高职院校不可能在各个方面都享有广泛的知名度和美誉度,但只要在某一领域中具有特色或优良信誉,就可以成为高职院校的"金字招牌",加上品牌效应的良性影响、公众"爱屋及乌"的思想观念,这些都会使该所普通高职院校成为知名院校;学校品牌也就会相续产生。

高职院校经营与高职品牌有密切联系。正如管理学家巴纳德所说,什么是经营,经营就是一个组织的运营,包括由技术职能、资本运作、财务、教育、服务、管理职能等构成的体系,即通过将人力、财力、物力、时间、空间、信息、事件/事务等有机融合,使一个组织系统逐渐健全,从而形成管理运行机制,达到组织目标。一个企业需要经营,一个家庭需要经营,同样,一个高职院校也需要经营。一个高职院校的品牌塑造离不开社会和家长的支持,离不开团队的合作以及自身的努力。而高职院校的经营正是合理地利用组织资源,实现教育效果的经营。只有学生赢了,家长才能赢;家长赢了,团队才会赢;各个团队赢了,高职院校怎能不赢?高职领导者有了经营的头脑,学会用经营的法则处理校务问题,就能实现高职院校各项工作运转正常、经营状况良好、师资力量雄厚、教学质量稳步提升,而且教师工作起来得心应手,潇洒从容等。良好的高职院校经营不仅可以为高职院校创造许多优异的成绩,而且还可以获得较高的社会声望和优质的高职品牌形象,是增强高职院校经济实力、社会竞争力及高职院校品牌塑造的有效手段。

可见,高职院校发展契机和主动权,掌握在高职院校领导者手中。正确的经营理念决定着高职院校的经营品质和发展未来。高职院校的领导者和管理者应该具有先进经营理念,并能够尽快地将理念转化为行动,缩短行为和认识间的差距,以务实有效的经营管理给高职院校发展带来生机活力,为高职院校品牌塑造奠定良好的基础。

二、高职院校品牌的实质与意义

那么,品牌的实质是什么?一般认为,品牌在形式上是感官冲击,要害是知识产权,实质是形象文化。品牌和名牌都不是严格的法律概念,只是一种通俗用语。所谓品牌实际上是商标、商号(字号)、商誉等的统称。名牌就是享有相当知名度的品牌,泛指有名的商标、商号、商誉,即那些在公众中享有一定声誉、具有一定知名度的商标、商号、商誉,有时也可以指知名商品。

有比较才有鉴别,与此相关的商标、商号(字号)、商誉都是属于知识产权法律范畴的法律术语,是知识产权保护的客体。商标是一种法律用语,是生产经营者在其生产、加工、制造、拣选或者经销的商品或服务上采用的,为了区别商品或服务来源,具有显著特征的标志是现代经济的产物,一般由文字、图形或者其组合构成。经国家核准注册的商标为"注册商标",受法律保护。商标注册人享有商标专用权。商号即厂商字号或企业名称。商号作为企业特定化的标志,是企业具有法律人格的表现。商号经核准登记后,可以在牌匾、合同及商品包装等方面使用,其专有使用权不具有时间性的特点,只在所依附的厂商消亡时才随之终止。在一些生产厂家中,某种文字、图形,既是商号又用来作为商标。但对于大多数生产厂家来说,商号与商标各有不同。一般而言,商标必须与其所依附的特定商品相联系而存在,而商号则必须与生产或经营该商品的特定厂商相联系而存在。商誉一般是指商家(企业)的商业信誉,往往通过商业标识来体现。商誉是一个商家(企业)的经营管理水平、企业形象、人员素质、产品或服务质量、工艺水平、技术实力、市场占有率、知名度、可信度、声誉以及在同行中所处的地位、影响力的综合体现。过去,商誉权一直被认为是一种无形资产,而不被视为是知识产权的保护对象。在传统的知识产权中也不包括商誉权。近几十年来,这种认识逐步发生了变化,人们认识到商誉中实际包括了企业的商标、商号、商业秘密等知识产权在内,是一种智力劳动创造的标识类智力成果,因而也可以作为知识产权变化的对象,这一看法现在已经被多数国家所接受。由此可见,品牌与知识产权是密不可分的,品牌实质上也是知识产权。可以相信,在比较和鉴别的基础上,人们会对品牌的实质,有一个更为全面和深刻的认识。那么,高职院校品牌文化建设的意义是什么,在哪儿?

实践证明,高职院校品牌不仅可以提升高职办学品位,而且可以带来更多社会或经济效益。正如人们所说,未来的教育竞争既是教育品牌的竞争,又是教育品牌互争长短的竞争。何为教育品牌?简单说,教育品牌就是优质加特色,高职院校品牌也是高职院校工作的优质加特色,它是高职院校在市场经济条件下的核心竞争力。作为高职院校的最宝贵资源,已经成为家长信赖和学校生存发展的关键。在此情况下,高职院校必须具有强化品牌意识,认真思考高职院校品牌塑造的策略。其中,包括办学理念、定位、特色、师资、专业、文化氛围等。品牌是高职院校的旗帜,它体现了高职院校的优质水平,是向学生、家长及社会公众做出的质量保证。人们选择一所有品牌的高职院校,就等于选择了优质教育服务。对社会来说,高职院校品牌塑造对社会主流文化也有着深刻的影响。因此,要加强高职院校品牌塑造,树立品牌形象,提升品牌价值,扩大品牌效应。

三、高职院校品牌塑造相关研究的启示

人们认为,人是目的性动物,经营管理更是目的性强烈的活动,对于有目的的人来说,他们不会做无意义的事。对此,高职院校也不例外。

(一)高职品牌塑造

"品牌塑造"是一种特定指向的活动,它是指给品牌以定位、并为此付诸行动的活动及其过程。品牌的核心内容分别表征为知名度、美誉度和忠诚度。这是一个复杂的、系统的、长期的孕育工程;一个品牌包含着许多方面的内涵。公司或企业可以通过建立品牌优势来吸引消费者的购买冲动,以此进行品牌塑造。应该说,不管怎么塑造,品牌的形成都是一个长期的过程,都需要持之以恒。一次广告或公益活动推出的仅仅是一种产品,而品牌塑造活动只要策划得当,推出的就应该是一种机制或是一个系统工程。品牌一旦形成,就能够产生极大的社会或经济效益,这种效益的良性循环。可见,品牌所孕育的社会和经济价值是无法估量的。

目前,在经济全球化、品牌全球化的趋势下,"品牌"一词也不再是企业界的专用名词,早已为各行各业所引用。教育界也不例外,有了"品牌学校"之说。激烈的竞争使得谁拥有强

势品牌,谁就能在某个领域立于不败之地。为什么那么多的莘莘学子,把上名牌学校作为奋斗目标和荣耀?因为品牌的优质,使它具有了巨大的威力和效应。根据人们的理解,教育品牌塑造是为了学校得到更好的发展,因为优胜劣汰的自然规律同样适用于高职教育领域。在国家鼓励多种形式办学和教育国际化的背景下,教育市场激烈竞争是历史的必然,高职院校品牌塑造势在必行。可见,品牌塑造成为教育与管理领域中的热点话题,是有着深刻的社会背景的。教育品牌塑造是社会或外界环境对教育发展的迫切需要。同时,它也是高职院校对此的社会回应,其实质是向家长及社会公众提供优质的高职教育。

品牌研究在企业界非常受重视,也被广泛应用;但在教育领域还是很薄弱的。品牌是学校核心竞争力的体现,它能产生宣传、聚合、内敛、稳定等效应,对学校的发展有重大促进作用。特别是在竞争日趋激烈和教育发展呈现国际化趋势的今天,品牌塑造逐渐被教育界人士认同并采用,品牌在学校发展过程中也逐渐显示出它的强大作用力,目前,塑造自己的品牌已经成为高职院校生存之高明之道。

在知识经济时代背景下,我国经济与社会转型要想适应形势,获得发展,就必须谋划一些更为具体、务实的,能够使品牌塑造得到突破性进展的做法,唯此才能面对新的挑战。高职院校品牌研究还有极强的现实针对性,由于市场经济的介入,高等教育已经走向大众化的时代,各院校的竞争日益激烈,拥有优质的品牌,能够使学校在市场竞争中取得优势的地位。国外许多高职院校早已开始了这方面的实践,它们在日常的办学和管理中,越来越多地借鉴企业的运作方式,通过加强内涵发展和广泛宣传塑造高职院校的品牌,并通过品牌效应来抢占外国高职教育市场,如开展教育展览会,争夺生源。显然,只要高职教育市场存在,高职院校的竞争就会客观存在;只要高职院校存在竞争,就应该实施品牌战略(优化策略),提高竞争力。塑造高职院校品牌可以使高职院校发展更上一层楼,可以使高职院校在激烈的竞争中立于不败之地,为社会做出更为有效的贡献。

高职院校是国家技术创新和培养职业人才的重要基地和摇篮。教育要倡导品牌意识,要开展品牌建设与管理,要实施品牌战略,追求教育的理想境界。高职教育存在一定的经济价值,但它更存在文化价值;它具有经济意义,但更具有文化意义。教育品牌也可以说是市场经济的产物或是应市场经济之"运"而生的,但它更是教育的发展与时代的需求相互融合的成果,是它们相互"对接"碰擦出的亮丽光芒。因此,加强高职院校品牌塑造,以品牌来推动高职院校的可持续发展,既是高职教育发展的客观需求,也是高职院校自身"内涵发展"的主观需求。

当前,在市场经济的条件下,我国高职院校置身于职教市场激烈竞争的环境中。同时,随着多种体制办学政策的实施,国内外各种教育集团、厂矿、企业、部队、院校、民办及房地产商等纷纷登场投资兴建高职院校,使得高职院校在数量上呈现了迅猛发展态势。这些都要求高职院校的发展必须站在品牌战略的高度,努力塑造良好的高职院校品牌形象。高职院校品牌形象可以证明一所高职院校的价值并体现其在领域中的地位;优质品牌可以吸引优秀的师生资源;优质品牌是重要的无形资产;优质品牌体现了该校的教育实力。

因此,人们提出对高职院校品牌的塑造问题,这是当今高职院校管理方面的一个重要课题。高职院校品牌研究的目的在于揭示高职院校在品牌塑造上应关注的问题,它以崭新的视角拓展了社会尤其是经营管理者对高职院校发展的认识。可见,人们的研究植根于社会需要、组织环境和个体意愿的交集,目的明确且意义重大。

(二)学校品牌与学校品牌管理:若干启示

学校品牌可以从不同的视角进行界定。例如,从主体角度看,有学生品牌、教师品牌和校长品牌;从内涵角度看,有课程品牌、专业品牌和学科品牌。良好的学校品牌形象,既是无形的精神财富,通过适当的方式,又可以转换为有形的物质财富,从而促进学校在良性循环的状态中不断优化,产生一种"马太效应"。

学校品牌管理是指学校将品牌作为经营战略的核心内容,为打造知名品牌而开发和盘活各种资源,以品牌驱动学校持续健康发展的一种活动。显然,这里的学校品牌管理是学校品牌塑造的一个有机组成部分。那么,学校品牌管理与传统学校管理有什么不同呢?

第一,战略观不同。学校品牌管理强调把品牌作为学校经营的核心,不管是重点名校,还是薄弱学校或者是刚创办甚至准备办一所学校,学校领导人都应有品牌意识,打造品牌、经营品牌、维护品牌,用品牌理念考量工作。先做适当的事,然后把事做适当。

第二,资源观不同。学校的管理不仅是命令、指挥、控制、处理,更多的应是策划、设计、激励、开发、引领;学校的管理也不仅是对显性资源的看管/使用,更多的是对隐性资源的盘活/挖掘。每所学校都有各自优势,每所学校都可成为品牌学校,关键是看如何经营。

第三,发展观不同。随着教育的改革发展,学校间的显性条件逐步趋同,只有品牌,才是独一无二的资产,才是学校持久的"生命动源",才是学校的核心竞争力。

学校品牌需要苦心经营和悉心维护。根据实际运用学校品牌就可形成某种管理模式。有学者提出我国学校品牌管理的"七步互动模式":分析学校品牌环境;选择学校品牌策略;塑造学校品牌文化;定位学校品牌设计;维护学校品牌权益;推广学校品牌形象;测控学校品牌态势,高职院校品牌建设也是一样,因此,应当为之付出艰辛的努力。

第二节 高职院校品牌专业的设置和建设

人类的加速发展始于分工,而专业是社会发展到较高级时代的产物。作为一个现代名词,在这里,专业是学业类别,是指高等学校或中等专业学校所分的学业门类。作为高职院校日常工作的核心和出发点,专业是高职院校根据社会经济和科技发展需要及学校性质而设置的学业门类。它以一定的社会分工为前提,以一定的学科为基础,是高等学校学科建设的具体化。高职院校的专业设置是学校实现从事第一线生产、建设、服务、管理实用型人才教育目标的前提条件,是社会需求、个人需求与高职人才培养紧密结合的桥梁,是实施专业教育的起始点。专业设置不仅是高职院校的自身行为,更是它用以提升竞争力的有力武器,决定着高职办学的方向和特色,反映着学校满足社会需要的程度。高职院校专业设置科学与否,不仅直接影响着招生就业、投入产出的效益,而且是关系到人才培养目标能否实现和学校发展水平高低的重大问题。

由此可见,高职院校专业设置尤其是品牌专业的建设,不仅是高职教育理论研究的需要,是高职院校办学的建设核心及办学理念和办学思想的具体落实,也是高职院校快速发展,高起点增强办学活力和彰显办学特色的关键。

"品牌可立市,亦可立教"。品牌是一种象征,一种错综复杂的象征,它是品牌属性、名称、包装、价格、历史声誉、广告方式的有形无形整合的总和。所谓"品牌专业",在高等学校和中等专业学校,它与"示范专业""特色专业""重点专业"等既有相同之处,亦有不同之处。一般认为,高职院校品牌专业是指高职院校经过长期文化积淀而形成,具有先进的高职教育理念和办学思想,专业培养目标定位准确,专业特色鲜明,专业人才培养模式与"校企合作、工学结合"的改革方向一致,专业教学研究与改革成果丰硕,人才培养质量硬,毕业生就业率高,社会声誉好,赢得社会公认并具有广泛社会需求,同时具有核心竞争力的专业。品牌专业是高职院校的内在建构的支柱和外在辐射的窗口,它具有高知名度、高美誉度、高信任度、高忠诚度及强凝聚力和吸引力等丰富的内涵和外在表现,为社会公众和学生家长所认可与赞许,能够给人形成美好的印象和记忆。

一、专业设置与高职品牌专业建设的意义

进入21世纪,经济全球化和高等教育大众化势不可挡。对此,高职院校何以回应?显然,高职院校只有加大培养适应市场需求的高素质技能型人才的力度,才能使自身在激烈市场竞争中立于不败之地。其中的关键是集中优势资源,打造与培育一批品牌专业,带动高职院校专业结构的整体优化和专业教育水平的全面提升。这样,对于形成高职院校的无形资产,提高高职院校毕业生的综合竞争力,提升高职院校的社会形象,促进高职院校又好又快发展具有重大而深远的意义。

(一)品牌专业建设有助于促进高职办学特色的形成

品牌专业是高职院校经过长期文化积淀形成的,在办学条件、管理水平、教改成果、培养质量和社会声誉等方面达到一流水平,并且以特色专业为本,适应经济社会发展需要。这就要求高职院校在办学目标、培养模式、教学内容、教学方法和手段等方面应培育自己的特色,形成鲜明的教育个性和风格,形成专业内在的长期传承的东西;进而构建自身的专业方向特色、课程特色、教学特色、实习实训特色、人才培养特色以及社会服务特色等,致使其他专业难以模仿与复制。由此可见,高职加快品牌专业建设,带动专业结构的优化和专业建设水平的全面提升是形成办学特色的明智之举。

(二)品牌专业建设有助于提高高职人才培养质量

品牌专业建设是高职院校提高办学水平和培养质量,进而扩大社会影响和知名度的重要举措。开展品牌专业建设应以培养有创新能力和综合竞争力的高素质人才为目标,把不断提高教学质量作为专业建设的核心;要根据用人单位对毕业生的最新需求,及时进行教育教学,调整培养目标、教学内容、培养规格、培养模式,完善实训设施,全面提高学生的综合素质。因此,拥有良好声誉、较高知名度的品牌专业不仅能够提高学校的信誉和形象,而且在人才培养质量上发挥着重要作用。

(三)品牌专业建设有助于提升高职的办学地位和形象

就目前实际情形而言,我国高职院校与普通高校相比,办学条件和整体实力上存在明显的差距。相信经过多年发展,高职院校也将形成一些局部优势和特色,为经济社会建设培养大批技能型人才。不过,高职院校的办学地位和自身形象为社会所认同接受还需要一个过程。高职院校只有适应市场的需求和国际竞争的变化,结合实际设置专业,优化资源配置,建设一批有基础、符合需要、前景良好的品牌专业,才能充分发挥优势"产品"和优势"品牌",做到"人无我有,人有我优,人优我特";从而提高自身办学质量,培养优秀的技能人才,赢得社会、行业、企业的认同,不断提高知名度、信誉度及自身的办学地位和形象。

(四)品牌专业建设有助于提升高职的核心竞争力

随着高等教育大众化进程的快速推进,高职各专业在人才培养上的竞争也日益加剧。要想在未来市场竞争中获取持续的竞争优势,掌握主动发展的整体能力,提升办学的综合竞争力,仅靠规模扩张远远不够,而要强化内涵发展,要有自己的品牌专业。将企业的"品牌"战略应用于专业建设是高职发展的重要突破口。品牌专业建设是高职院校赢得市场的法宝,不仅在人才培养上发挥着重要作用,还可以提高专业知名度和学校信誉度,而且能够形成品牌效应,增强学校的吸引力和凝聚力。同时,满足了人们的求名偏好,给受教育者带来了实际利益,提高了受教育者的社会地位。蕴含着诚信与品质保证的品牌所带来的核心竞争力是别人难以超越的,积极建设品牌专业将在高职教育事业健康发展中发挥着巨大作用。

二、高职院校品牌专业建设的原则导向

高职院校品牌专业设置必须树立在市场竞争中求发展的理念,专业建设既要考虑为企业、行业培养人才,又要为区域经济发展培养人才,发挥"品牌"专业的示范效应。扩大专业的服务范围,满足广泛的社会需求,这正是高职院校生存发展能力的重要手段之一。高职院校的品牌专业建设应当遵循以下原则。

(一)市场导向性与前瞻性原则

当前,我国高职院校的专业设置与建设如何满足社会需求已不再以完成政府计划为唯一评价指标,相反,主要以能否适应市场为评价标准,看它能否满足社会、行业、企业的需求,直接通过市场来检验。因此,高职院校必须适应市场变化,以需求为导向,不断认识市场、占领市场、开拓市场,使培养的人才能适应市场需求,毕业生才能够充分就业。品牌专业是经过长期文化积淀而形成的,必定有自身的优势与特色,能够得到社会公认并有广泛需求的专业。也就是说,品牌专业建设在遵循市场导向性原则前提下,也要从发展的角度,既着眼于当前的需求,又考虑到未来的需求,遵循市场需求规律具有一定的前瞻性。

高职院校在品牌专业设置与建设中,要把握市场脉搏,对市场有敏锐感受力,在充分了解社会发展趋势的基础上搞好人才需求预测;在实事求是分析现实基础上提出发展要求,作出科学预测,使专业建设超前于经济社会发展。一方面,既要遵循专业建设的内在规律,又要紧密联系社会需要,利用专业的相融和互补性创造新理论,促使专业互生相长;另一方面,在品牌专业的建设中要突出专业布局、优化专业结构,注重品牌专业的专业群发展,以适应

未来科学技术的发展。同时,瞄准国际国内学科前沿,明确建设重点和发展目标,不断开辟新领域和新方向,在创新中始终保持品牌专业的优势地位。

在职业教育专业设置中,一定要有强烈的超前意识和市场意识,以一种超前的眼光,针对未来的技术发展,尽可能地做到组织一种超前的专业培训,以明天的技术培养今天的学员,为未来服务,这充分诠释了高职教育专业设置与建设的前瞻性原则。

(二)特色性与创新性原则

品牌专业的特征之一就是鲜明的专业特色,特色是建设品牌专业的基础,是一个专业赢得竞争优势并拓宽自己生存空间的唯一法宝。专业特色是由一流"双师型"教师团队、特定课程、独特的教学特色以及有特色的人才培养途径等多项指标构成的,所有这些又充分集中体现在人才培养方案、培养过程实施、培养质量以及社会服务等方面;而人才培养特色作为品牌专业的显性特征,成为公众是否认同的主要标志。因此,高职院校在品牌专业建设过程中,要凸显专业的特色性。一方面,要根据学校的实际情况,在有别于其他学校专业的独特的办学理念的指导下,重点建设体现本校特色的优势传统专业;另一方面,要立足于社会及市场对人才的需求,选定和发展自己的核心和特长,积极培育自己的专业特色,坚持"有所为,有所不为"的原则,注重在某一专业中确立自己的品牌,寻找新的增长点,在创建特色上下功夫,通过比较优势和专业建设的亮点构建自身的专业特色。

品牌专业建设过程是一个长期过程。一个专业一旦打造成为品牌专业,就会赢得广大学生、家长及社会的认同,就会有较高的美誉度和知名度,随着科技发展,知识更新周期越来越短,市场竞争越来越激烈。品牌专业建设也应与时俱进,主动适应社会发展,与市场接轨,紧跟时代发展的步伐,紧跟人才需求,适时调整专业方向,树立全新职教观念,增加新内涵,拓展专业发展空间,也唯有通过创新,才能促进品牌专业自身价值的积累和提升,才能实现可持续发展。

(三)职业性与技术性原则

高职院校既有高等教育的属性,又有职业教育的属性。高职院校的特色是注重保持双重属性,高职院校的职业教育属性与职能决定了高职院校的专业设置定向、专业建设方向,使之更加注重生产实际与职业分工。职业化是高职院校品牌专业人才培养的特色,是专业建设的立足点,职业性理应成为高职院校品牌专业建设所遵循的原则之一。

高职院校属于专业技术教育,这里所指的技术主要是以基础理论为指导的应用技术,同时还要掌握一定的经验性技术。基础理论应以技术应用为依据,以必需和够用为度;专业课应加强针对性和实用性;同时,强调实践教学,强调学生的实操动手能力。因此,高职院校品牌专业不再是"学科型专业",而主要体现为"技术型"专业。品牌专业建设更加突出职业岗位能力培养的针对性、适应性和应用性,更加注重人才技能培养为本位,更加凸显高职教育区别于普通本科教育的专业性与技术性。

(四)区域性与行业性原则

高职院校必须坚持以就业为导向的办学理念,坚持"面向社会、面向市场、面向企业"的办学思路,努力为区域经济发展培养高素质专业技术人才,不断提升学校吸引力和竞争力。

因此,高职院校品牌专业建设也应以服务区域经济为宗旨,结合学校所处的区域优势和地方经济、文化特色,尽可能找到与地方经济建设、社会发展和科技进步相结合的层面;增强为区域经济社会发展服务的能力,为区域经济发展培养急需的应用型专业人才,并成为支持本地区经济社会发展技能型人才培养的摇篮。同时,才能与区域经济互动发展,品牌专业的建设才能获取良好的物质基础与旺盛的社会需求,才能有持久的生命力。

高职院校品牌专业不仅能为区域经济发展培养人才,而且也能为行业经济建设服务,具有明显的行业性特色;主要针对行业需求、行业优势及行业发展趋势而设置与建设,以满足本行业对技能型专业人才的需求。同时,高职院校品牌专业由于创办时间普遍较短,学生规模小,院校综合实力不强,还无暇顾及其他地区或多种行业人才的需求,大多只能立足于本区域或某一行业的人才需求建设品牌专业。

(五)稳定性与示范性原则

高职院校品牌专业既要随着时代的发展、科技的进步以及职业岗位的变动,而适时变动与调整专业发展方向,创新专业内容体系;做到与时俱进,最大限度地满足社会及受教育者个体的需要,以保证品牌专业的生命活力。同时,也应看到品牌专业的变动是绝对的,因为只有"变",才能保持"品牌"的长久性,才能成为真正的"品牌"。品牌专业又是相对稳定的,因为社会发展到一定阶段,其产业结构、就业结构、技术结构就会趋于相对稳定;而品牌专业多数是长线专业,既有雄厚的师资队伍及充足的教学设施条件做保障,又有连续性与周期性的特点,因此保持相对的稳定性,对高职品牌专业的形成与建设是非常重要的,也是对人才培养质量和教学工作良好秩序的保证。这样,既可避免教育资源的浪费,也可为品牌专业的建设积累更多经验;有利于塑造品牌,保证教学质量,提高办学效益,进一步提升专业自身的核心竞争力。

品牌专业具有知名度高、美誉度高、信任度高以及追随度高等内涵和表现,配套有雄厚的师资力量、优良的实习实训设备等资源条件,代表着当前高职院校教育改革实践的发展方向,形成了一定的教学标准、培养质量标准、培养模式、专业建设模式、课程模式等,所有这些均可作为同类高职院校进行品牌专业建设提供参考依据。所以,在建设品牌专业过程中,应遵循示范性原则,坚持先进教学理念,根据专业发展的历史沉淀定位准确,不断改革教学模式、课程体系与教学手段,不断充实、完善、赋予品牌专业以新的内涵,从而发挥其示范、引导和辐射作用。

三、高职院校品牌专业建设的主要内容和应注意问题

(一)高职院校品牌专业设置与建设的主要内容

1.强化专家引领和专业指导,构建鲜明的专业特色

高职院校在进行品牌专业设置与建设时,要强化专家引领和专业指导,其中重要的组织行为是成立"专业设置与建设指导委员会"(既可临时召集,也可作为学校的常设机构)。委员会不仅可以对品牌专业建设进行指导,同时可以负责学校其他专业的设置与调整,包括组织职业分析、合理地整合专业、进行课程教学开放以及对专业建设评估等。委员会可由省、

院级专业带头人、骨干专业教师、行业企业专业人员等组成,一般为兼职人员。专业建设指导委员会参与品牌专业设置与建设过程时,首先对品牌专业进行准确定位,其次通过论证以构建品牌专业的特色。高职院校品牌专业建设定位准确是前提,具体分为以下几个方面:一要结合本地区社会经济发展的需要及特点,深入社会了解市场供需状况,以满足本地区的产业结构和社会人才需求的趋势作为专业设置的依据,强化行业背景,与企业共同开发建设;同时坚持理论与实践并重,基础与技能并重,知识与应用并重,强调品牌专业建设的应用性、技术性和可靠操作性。二要考虑学校的历史背景、办学优势及现实条件,看是否能够保证专业人才培养目标的实现。即便是市场急需的专业,也不能无条件的设置;三要根据专业定位,制定切实可行的人才培养方案,形成自身独有的培养途径,选定和发展自己的核心专长,构建鲜明的专业特色。而专业特色的打造又由一流的"双师型"教学团队、特色的培养模式、特色的教学内容与课程设置、特色的教学设施与方法、特色化的社会服务及一流的实训设施和完善的实训基地等方面构成。

2. 打造"双师型"教师团队,切实提高教学质量

一个品牌专业必须拥有一两名在业内具有影响力的带头人。骨干教师、教学名师不仅是品牌专业的支撑,也是品牌专业独特的核心竞争力,更是品牌教师塑造的基础所在。他们对广大家长、学生及社会公众而言,具有不言而喻的影响力。因此,结合品牌专业建设,首先要打造一支以品牌专业带头人为核心,以骨干教师为主体,学历结构、职称结构、年龄结构相对合理和专兼结合的教学能力强、专业技能水平高的师资队伍,以促进专业教学质量的明显提高。

3. 深化教学管理改革,构建品牌专业文化

品牌专业建设要以专业带头人负责制为抓手,以规范教学管理为基点,深化教学改革,实施工学结合的教学组织与安排为突破口,努力构建专业文化,从而提升品牌专业的内涵质量建设。一是实施专业带头人负责制。品牌专业带头人牵头与企业(行业)共同负责专业建设目标、制订专业建设规划,落实专业建设人才培养方案,实现专业教学要求与企业(行业)岗位技能要求对接。根据品牌专业建设的目标、要求和评价标准实现专业课程内容与职业标准对接,注重精品课程开发设计,校企合作共同开发专业课程和教学资源,深化人才培养模式改革,落实责任、强化管理;同时学校要加强对品牌专业带头人的指导和培养,给予充足的资金保障,制定并落实相关政策给予重点扶持。二是规范教学管理。教学计划、教学大纲、考试大纲、课程介绍、课程建设规划等在内的各类教学文件要齐备;实习、实验、实训、毕业设计(论文)等教学过程要规范;考试考核命题要规范;教学环节要规范,积极进行教学内容、教学方法和教学手段的改革,根据社会经济发展的要求,及时修正学生的知识能力素质结构和专业人才培养方案,整合教学内容体系和课程设置体系。三是实施工学结合。在专业教学中积极试行多学期、分段式等灵活多样的教学组织形式,将工学结合教学活动贯穿于全部教学活动的始终,将学校的教学过程和企业的生产过程紧密结合,校企共同完成教学任务,丰富学生的实践经验,提高学生的职业能力与职业素质,实现学生毕业与上岗的零过渡。四是构建品牌专业文化。高职院校品牌专业要根据学校长期的办学理念和办学过程所积淀

的文化底蕴,深入挖掘自己的专业文化,让专业文化感染每一届学生,帮助学生提升专业素质,激励学生乐于专业学习与研究。同时专业文化能够引领专业教师的服务意识和职业道德,激发专业教师的使命感和责任感。

4.建设一流的实训基地,强化实践育人

一流的专业教学团队和设施完善的实训基地是品牌专业建设的关键和保障条件。品牌专业要有充足的"理实一体化"的实训实践场所,以满足学生校内生产性实训和校外顶岗实习的根本要求。因此,在品牌专业建设时,要加大资金投入,充实完善实训设施,打造一流的实训基地,营造真实的生产实习环境,注重规范实践教学管理,深化实践教学改革,强化实践育人,突出学生的能力培养。一是构建模拟仿真的校内实训基地。要具有真实的职业氛围和产学一体化功能,且现代化技术含量高,设施达到同类院校的先进水平,能够满足学生职业技能和综合实践能力训练的需要,让学生各项技能能够在真实的职业氛围中得到系统训练,既能学到一定的专业知识和技能,又能得到直接参与生产、服务和管理的锻炼;充分体现实践教学活动在学生能力培养上的实践性和应用性。二是组建"校中厂"和"厂中校"形式的实践教学基地。"校中厂"是引资进校建的,"厂中校"是投资进厂建的。上述形式的实践教学基地实施生产性实训和顶岗实习,推行实践教学改革,强化教学过程的实践性、职业性。三是全方位地开拓实习实训基地。就是与企业建立紧密的产学合作关系,全方位地开拓和建立较为稳定的能够满足学生实训要求的校外实训基地。努力增强实训功能,并以产学结合为发展方向,将课堂延伸到生产一线,与企业共同设计实践教学方案并付诸实施;校企共同配备指导教师、共同管理,并配有相应的实践教学考核和监督检查指标,以确保实习实训达到教学大纲预期的要求,为实践教学的开展打下坚实的基础。从而提高实践教学效果,带动专业整体水平的提高。

5.以学生为本,提高人才培养质量

高职院校的核心竞争力,需要通过自己所培养的学生来体现。品牌专业的知名度和社会影响力,直接取决于培养人才的质量。而培养出高质量的人才,是打造品牌专业的"活广告"。因此,建设品牌专业,应以学生为中心,围绕学生、依靠学生,把不断提高教育教学质量作为品牌专业建设的核心,切实提高人才培养质量,促进学生的全面发展。一是在人才培养模式上要始终坚持以学生为本,不断根据社会需求,更新人才培养理念,积极推行校企深度融合,产学紧密合作,校企双方共建育人平台,以注重学生的知识、能力和综合素质协调发展为出发点,构建"宽口径、重实践、厚基础、有技能"的人才培养模式。二是在教学过程中要以学生为主体,因材施教,树立全新的高职教育理念,改进教学方法,采取先进的教学模式,如"模块式教学模式""任务驱动式教学模式"以及"仿真模拟式教学模式"等,努力培养学生的自我意识,充分发挥学生的主观能动性与创造性,提高学习效率,促进学生在完善的个性、专业知识、专业技能等综合素质方面的整体提高。三是在课程设计方面要根据用人单位对毕业生的最新需求凸显能力为本的专业特色,实现课程设计个体化,即课程目标注重塑造学生全面和谐发展的个性;课程结构立体化即注重理论与实践课程的相互渗透;课程内容综合化是指既注重学生坚实知识基础的培养,又注重教学内容的综合性,以满足培养全面发展人才的需要。四是改革考核考试方式,对学生实施发展性评价,既要关注学生的学业成绩,又要发现发展学生多方面潜能。努力建立以职业能力为导向、科学的社会化的考评机制,帮助学生认识自我,自我激励,促进每一个学生都能有所进步有所发展。

6. 大力推进"产学研"一体化,提升社会服务能力

加强校企合作,推进"产学研"一体化,实施科技开发与服务行业、企业、服务区域经济发展是品牌专业建设的根本,也是品牌专业发挥品牌效应,体现社会价值的重要途径。一方面,品牌专业建设紧贴区域经济发展的需求,与企业进行深度合作,建立实践教学基地,使教学内容更贴近生产实际;同时促进理论教学与实践教学的融合。这样,既有利于学生实际工作能力的提升,也有利于学生整体职业素质的提高。另一方面,通过产学研合作,教师在实践教学中,可以了解企业需要,帮助企业解决在生产过程中遇到的难题;还可以进行科技开发活动,将科研成果转化为生产力;为企业创造良好的社会效益与经济效益。同时,还能提高教师的科研水平,扩大本专业的社会影响力和社会服务能力,实现专业由封闭式建设到开放式建设的转变,促进专业的长远发展。

在品牌专业建设时,首先,学校要紧密联系企业,加强校企合作,促进产学研一体化。邀请企业专家,参与人才培养方案的制定和实施;结合企业对专业人才的需求状况,反馈到教学环节中;及时调整教学计划和课程内容,使教学计划和课程内容符合教学规律。这样,不仅能满足企业对专业技能人才的需求,也能促进学生及时学习技能,掌握先进的专业技术知识,培养学生综合运用理论解决实际问题的技术应用能力,提高人才培养效果。还能为企业提供人才储备,实现校企双赢。其次,学校要树立全方位服务行业和企业的意识,不断提升社会服务能力。在企业为品牌专业建设提供各种教育资源时,学校要优化科研管理机制,最大限度地激发专业教师的科研热情和活力,从技术与政策上支持专业教师从事科研工作。要鼓励教师走出校门,走向社会,充分发挥自身的技术优势,积极开展技术服务,为企业提供技术支持和帮助;并充分利用专业的优质教育资源,为企业职工开展技术培训,提高企业的生产效率。从而进一步提升企业和社会对专业的认可度,而教师在提供专业服务时也会得到快速发展,提高自身的科研能力与教学能力,实现"产学研一体化"的良性互动和循环。

(二)高职院校品牌专业建设应注意的问题

所谓"应注意问题",在这里是说人们对于高职院校品牌专业建设问题还"意犹未尽",还有若干意见需要进行概括和有所凸显。

1. 定位:与时俱进突出专业特色

高职院校品牌专业建设要以社会需求和学生就业为导向,结合学校自身条件、资源和能力,选定和发展自己的核心专长——准确定位,凸显专业特色。具体体现为:专业方向特色、培养模式特色、教学团队特色、课程设计与教学内容特色、教学管理特色、实习实训特色、社会服务特色和优质毕业生特色等。尽管品牌专业拥有自己的优势与特色,但是,品牌专业的建设,也要与时俱进,及时调整专业建设与发展的方向。因此,建设品牌专业是一个长期过程,应做到与时俱进。

2. 基础：立足并服务于地方

高职院校品牌专业要得到持续长远的发展，必须立足地方，扎根本土，以服务地方经济发展为宗旨，面向生产、建设、管理、服务第一线，为地方发展培养人才。因此，建设品牌专业，学校应经常组织教学人员深入企业了解人才需求的变化，及时调整专业教学内容，以适应地方产业布局与企业发展的需要，与地方经济互动发展；积极争取社会各方面的支持与配合，营造良好的发展环境。唯以此为基础，才能辐射区域，服务全国，品牌专业才会有持久的生命力。

3. 核心：提高人才培养质量

任何一个专业之所以是品牌专业，是因为它能够培养出优秀的人才，从而得到社会的认同。所以，提高人才培养质量是品牌专业建设的核心。高职院校品牌专业应以培养具有创新精神、创新能力和综合竞争力的高素质技能型人才为根本目标，使学生不仅具有必需的专业基础知识，而且应有较强的实际动手操作技能；同时，还要有较高的思想道德素质和职业道德修养，实现学生的个性发展与全面发展的有机结合。只有这样，才能普遍受到社会和用人单位的好评。

4. 关键：提高毕业生就业率

一个品牌专业的形成包含着众多的影响因素。其中，一个关键要素就是它培养的学生就业率相对于其他专业较高，学生能够顺利就业、优质就业。因此，建设品牌专业时，学校要及时跟踪了解毕业生的就业情况，关注用人单位对毕业生的评价。这意味着随时顺应人才市场的需求变化，根据用人单位对毕业生的需求变化，灵活地调整专业方向，适时调整课程体系及教学内容，全面提高学生的综合素质和培养质量，满足用人单位对专业技能型人才的需求，提高毕业生就业的数量、质量和效益。

第三节　高职院校品牌实训基地建设

高职院校以培养应用技术人才为己任，因而建设一流的实训基地就成为学校教学管理和校园文化建设的题中之义，每个专业都应有充足的理实一体化实训实践场所，以满足学生校内生产性实训和校外顶岗实习的根本要求。因此，要加大投入，完善设施，营造环境，强化实践育人。

一、高职院校实训基地的建设意义

高等职业教育与普通高等教育同属于高等教育，两者的区别在于，普通高等教育具有学术性、工程性、学科性和理论性的特点，而高职教育则强调职业性、技能性、实践性和应用性的特点。基于此，普通高等教育主要以培养研究型、学术型、探索型和设计型人才为目标，以理论教学、课堂教学为主，突出理论知识的传授，实验、实习是为了更深入地掌握理论知识，注重知识的连接性和融合性；高职教育主要以培养直接从事生产、建设、管理和服务的第一线技能型人才为目标，注重知识的应用性，坚持理论教学与实践教学并重，更加突出实践性教学环节,学生在校内外实习实训的目的是更好地掌握所从事专业的基本技能、实际动手能力、职业岗位能力以及良好职业素养的养成,为将来与企业间零距离就业奠定基础。而上述能力的培养,主要在于高职院校的实践教学,实践教学环节的实施要求高职院校必须提供功能完善、设施齐全的校内外实习实训基地。所以,加强实习实训基地建设是高职院校实现人才培养目标的关键所在,是提高教学质量,实现实践教学的首要前提;也是改善办学条件、彰显办学特色、培养学生的实践能力和增强就业竞争力的重要保障。高职院校实习实训基地也是为社会和企业提供服务,进行职业培训、职业技能鉴定和科技成果推广应用的重要场所。

(一)校内实训基地建设的现实意义

第一,满足日常实践教学的需要。高职院校针对生产、建设、服务和管理第一线的需要培养应用型人才,必须要有较强的实践教学。实践教学是培养学生成为生产一线高技能人才的关键,而实训基地的建设是实践教学的硬件支撑,是基础。让学生亲自动手操作较多的实训项目,只有通过实训项目才能培养学生的职业技能、职业素质、实际动手能力以及职业岗位的适应能力。因此,高职院校要突出实践教学,满足日常实践教学需要,就要高度重视校内的实训基地建设。因为,校外实训基地尽管可进行相关项目实训,但难以满足大批学生常规实践教学的需要。为此,学校应根据课程设置及实践教学计划,把校内实训基地建设好,确保实践教学内容及实训项目的顺利完成。

第二,有助于学生实际操作能力的培养。校内实训基地尤其是校内生产性实训基地使得学生在实训中能接触到与企业一致的真实生产环境,针对职业岗位,对学生进行一系列专业技能指导并反复训练,有利于促进学生掌握职业岗位实际需要的关键技术和能力,锻炼学生的实际操作能力,直到掌握与熟练运用各项技能,实现专业培养目标。

第三,促进产学研一体化的形成。通过校内实训基地平台,不仅能促进学生专业技能训练,提升学生实践能力,而且能促进学生学习的积极性,有利于培养他们的综合素质、创新能力以及对专业的感性认识,提高学生分析和解决问题的能力。同时,还能以教带研、以研促教、以产促教,将教学融入生产建设和科技发展中,促进高职院校持续快速发展。教师在实训基地的实践教学,及时了解本专业的前沿知识,掌握专业岗位基本技能,也有利于促进专业教师自身成长,提升"双师"素质,打造"双师型"教师队伍。与此同时,还有利于促进企业较早应用新技术新工艺,推广新产品,解决生产过程中的技术难题。因此,校内实训基地不仅是良好的技能训练场,也有助于促进高职院校产学研的相互结合。

(二)校外实训基地建设的现实意义

第一,弥补校内实训基地的不足。高职自身很难根据所设置专业建设各种仿真的实训室以提供相应实习环境,也很难有相应的"双师型"实践教学指导教师。因此,要与企业合作,利用企业各种资源建立校外实训基地,从而有效地弥补校内实训基地在生产设备、实训场所的不足。学生通过校外实训基地的实习实训,可以尽快熟悉企业新设备、新工艺、新技术,在以企业技术骨干为实训指导教师的指导下,接受生产与实际工作的现场培训,能够尽快把所学理论与实践结合起来,掌握岗位实操技能与专业技术,提升实践能力。同时,取得实际工作经验,提高职业技能、职业素质、社会交往沟通能力以及组织管理能力等综合素质,接受企业文化的熏陶,最大限度地实现学院人才培养与企业人才需求的"无缝对接"。尤为重要的是,校外实训基地还能帮助学校解决实训基地建设资金短缺的问题。它为学生提供了足够的实训空间,缓解了校内实训教学安排上的压力。

第二,实现学生与职业岗位的"零过渡"。通过校外实训基地,在真实职业环境中加强了校企合作,实现了学校和企业两种育人环境的结合。校企共同设计实训方案,结合岗位和职业资格要求,强化技能训练课程,凸显学生动手操作和社会实践能力的训练,企业参与到整个实践教学中,选派技术骨干或专家现场指导学生,让学生在干中学;注重对学生职业岗位能力、关键能力的培养,融"教、学、做、训"为一体。通过实习实训,使学生在企业的真实环境中"零距离"地接触职业技术岗位,全面提高学生的理论认知、操作技能和综合素质,使学生提前完成心理与角色转换,为学生展现操作技能,获得认可及获取就业契机创造了条件。

第三,提升学生的就业能力。校外实训基地能帮助学生在真实的环境中接受实践能力的训练,借助企业生产设备和技术优势,按照企业的要求,最大限度地提升学生的专业技能,使之养成良好的素质,学到更多的岗位技能。经过一段时间的实践实习,他们取得了实际工作经验,大大提升了实践能力,为企业创造了应有的价值;这样,他们毕业后,企业不需要对他们进行再培训就能使他们很好地适应工作(为企业提前录用做好准备);增强了学生的就业竞争能力与市场适应能力,为学生拓宽了就业渠道。与此同时,也激发了企业接纳毕业生的热情,满足了企业对人才的选择。

第四,增强了学校的社会服务能力。高职院校通过校外实训基地,可以利用学校师资优势、技术优势与科研开发能力等,给社会尤其是企业等提供智力支持,形成"服务型"实训平台。通过这样的实训平台,不仅使学生能够把所学理论知识应用于实际,而且可强化师生自身的实操能力。同时,通过实训基地建设形成校企深度合作,密切了学校与企业的关系。这样,可以为学校教师科研和技术的推广创造条件,帮助企业解决生产实际中遇到的难题以及一些新技术、新工艺、新品种的开发问题,同时,还能为地方企事业单位及机关人员提供技术培训。这样,就会产生良好的经济效益和社会效益,进一步提升学校为地方经济社会发展的服务能力。

二、高职院校品牌实训基地建设要处理好的关系

当前,作为我国高职院校实践教学实施的活动场所——实训基地,主要包括校内实训基地和校外实训基地。而要把这两种实训基地建成品牌实训基地,就要配置好各种资源,协调好方方面面关系。针对校内实训基地的建设,不仅要处理好实训基地建设适应专业与适应专业群发展间的关系,也要处理好使用有限资金与提高投资效益间的关系,更要处理好实训基地建设紧跟企业技术发展间的关系,等等。这里,重点阐述校外实训基地建设要协调好的三大基本关系。

(一)学校与企业之间的关系

学校与企业是两种不同性质的社会组织。二者的关系是高职实训基地建设要处理好的

最基本的关系。因此,学校与企业在共建实训基地的过程中应本着"双赢互惠"的原则,通过合同的形式,建立一种长期稳定互利互惠、优势互补的关系,让双方在合作中都能够切实得到"实惠"。

从学校层面来看,高职院校要充分认识到,依托校企合作共建实训基地是重要的办学举措。一是有利于促进培养目标与就业岗位对接,学校能够直接了解企业的用人标准,了解企业对不同岗位人才技能、素质的要求,进而使学校更加注重学生岗位技能的训练与职业素质的培养。而学生通过在校企共建实训基地的训练,能较快提高专业技能水平及掌握新设备的操作方法;有助于学生接受企业文化氛围的熏陶,养成良好的职业精神,提升学生适应职业岗位的能力。二是有利于及时了解企业对人才的需求,促使学校根据社会对专业人才的需求而及时调整专业设置,更新教学计划,确保专业设置及教学内容设置的适应性与实用性;三是有利于学校降低办学成本。通过校企合作共建,学校可以利用企业的设备、技术等,减少学校的开支,进而把有限的资金用于教师队伍和基础设备等方面。四是有利于促进学校自身发展,学校通过与企业密切联系,可以与企业专家共同制订人才培养目标、研讨专业和课程设置等,有助于提高教学改革的针对性。此外,通过校企合作共建实训基地,还有利于学校能够从企业获得实践经验较为丰富的实训教师,有助于"双师型"优秀教学团队的培养。

从企业层面来看,自然也要"晓以利害",不做"亏本"的生意。企业的利益主要体现在以下几点:一是根据企业自身的发展需求可以从学校优先选拔优秀毕业生,获得自己所需要的人才,使企业能够长期拥有稳定人力资源的保障供给;二是利用学校资源对企业员工进行岗位培训,促进学习型企业的构建,提高企业的竞争力;三是借助学校的教育科研优势进行开发研制新产品、进行技术改造、技术咨询以及解决生产过程中遇到的技术难题等。

所以,从长远的观点来看,企业与学校共建实训基地,不仅能够得到政府的优惠政策及资金支持,还能够从学校得到"实惠",对企业的发展有着重要的现实意义。

(二)政府与学校之间的关系

在我国众多的高职院校中,当前除民办高职外,多数是由地方政府投资主办的。政府作为高职院校举办者,理应发挥积极的主导作用,而学校要围绕地方产业结构和就业市场需求等积极为地方经济社会发展服务。因此,在加强品牌实训基地建设时,政府应充分发挥主导作用、基础性作用,加大公共财政对职业教育的投入,将高职经费列入财政预算,设立高职实训基地建设专项经费,建立实训基地运行保障机制,为实训基地提供资金保障,切实担负起高等职业教育举办者的责任;尤其是支持所属高职院校争取并用好中央财政支持职业院校实训基地建设基金。

另外,学校应体现自身的主体地位,积极发挥主体作用;本着为地方经济发展培养应用型专门人才的根本目标。在建设实训基地时,应改革传统的课堂知识传授为主的教育教学方式,注重实验、实习、实训等。实践性教学环节以学生职业能力的培养为宗旨,以服务实践教学为核心,与地方发展和生产实际相结合,与学生较强的职业岗位适应能力和实践操作动手能力培养相结合,积极营造浓厚的实训文化氛围。优化课程设置,大力推行"做中学、学中做"以及工学交替的教育模式。强化学生的实践能力、专业技能和职业素质的培养,加快地方或区域经济发展及发达地区紧缺专业技能人才的培养。

(三)政府与企业之间的关系

高等职业技术教育与企业的利益息息相关。企业生产、管理和服务第一线所需的高技能人才必须通过高职教育来培养高职教育和企业界的关系,比传统的普通高等教育和企业界的关系更为紧密。高职院校可为企业输送优秀毕业生及培训在职员工,共同开发科技产品等;企业理应积极参与建设高职实训基地,做到合作共赢。

由此可见,加快品牌实训基地建设,需要当地政府大力支持,应大力倡导和推进企业参与实训基地建设,积极搭建校企合作平台,充分发挥企业在建设中的主体地位和主导作用。首先,政府要制定相关配套政策,明确企业在实训基地建设中的角色,给予企业建设实训基地的优惠政策,激励企业投身于实训基地建设,并指导企业与高职院校共同建设实训基地,与此同时,出台企业参与建设的监督和约束机制,加大监督力度,为实训基地建设提供切实的政策保障;其次,政府要建立健全负责的实训基地规划、审批、监督等工作的管理机构,完善建设的协调机制,为实训基地建设提供组织保障;最后,政府要完善法律法规,规范实训基地中的学校、企业、学生三方的权利义务,各方应以合同或协议的形式明确自身的权利义务,确保各方的利益不受侵害,为实训基地建设提供法律保障。

三、高职院校品牌实训基地建设的基本原则

原则是做好工作应当遵循的基本要求,高职院校品牌实训基地建设工作也不例外,也要遵循相关的原则。高职院校实训基地建设应以职业技能训练为首要任务,满足学生所学理论知识在生产实践中得以训练。也就是说,要在"真刀真枪"的职业环境中促进学生职业技能和综合职业素质的提升。所以,高职院校品牌实训基地建设应遵循以下原则。

(一)职业导向原则

品牌实训基地建设应围绕高职院校人才培养目标,以学生职业能力训练为核心,体现紧跟社会需求的综合性生产训练和高技术的设计性实验,减少演示性和验证性实验,努力营造贴近生产、建设、管理、服务第一线的真实或仿真的职业环境,如实训机构的组成、设备的布局以及实训项目的设置等,都要尽可能达到与现场一致,在真实职业环境下按未来职业岗位的要求,对学生进行能力的实际训练,帮助学生专业能力和技能技巧的形成。同时,采用现代企业的管理方法和模式,注重企业文化氛围营造,注重职业素质训导,强化学生实训期间的安全意识、质量意识,促进学生就业时可直接上岗,实现在校能力培养与企业需求的无缝接轨。

(二)生产效益原则

生产效益原则是指实训基地要尽可能产生"效益",变消耗性实训为效益性实训。高职院校要积极探索校企合作共建生产性实训基地的新路子,要求学生理论与实践相结合,将所掌握的基本理论和专业技能,具体运用于解决生产工作中遇到的实际问题,在实际问题解决中进一步提升职业能力。在生产性实训基地真实环境中的顶岗实习,不仅给学生提供了亲

自动手操作的具体岗位和实训内容,训练了学生的实际操作能力;同时密切了校企合作关系,有利于推动产学研相结合,走共同发展、效益双收之路。

(三)市场需求原则

市场需求原则意味着实训基地建设的步伐要与时俱进,主动适应市场不断发展的要求。品牌实训基地建设要在立足于高职院校校情的基础上,以品牌专业及其专业群建设为依据,既要遵循高职教育的教学规律,实施企业化管理,按照市场化要求进行运作,以满足高职实践教学的需要。同时,也要紧跟市场、行业、企业对人才需求的变化调整实训基地建设的方向。实训内容应体现本专业领域的新理念、新水平、新技术和新工艺,不断更新教学仪器设备,提高仪器设备的现代科技含量,改革实践教学方法,实现实践教学手段的现代化。

(四)开放共享原则

品牌实训基地建设不仅要满足对应专业学生的训练需要,还要面向企业及社会开展各类职业技能的培训、鉴定和服务工作;在区域范围内实现学校、企业和社会的互惠共享。实训基地建设要使有限的资源发挥出最大的效益,使其成为集教学、培训、生产、经营、技能鉴定和技术服务为一体的综合场所,对外交流的窗口和对外服务的基地。实训基地建设要全天候开发,从时间和空间上面向社会开放,面向广大师生开放,提高实训基地的利用率。

(五)重点优先原则

重点优先原则是指工作有重点,可能有突破。实训基地建设是高职院校投入较大的教学基本建设项目,所需资金多,因此学校在建设实训基地时要做到统筹规划、量力而行、量需而为、重点突出、分步实施,充分利用有限资金;既要立足当前,又要谋划长远。实训基地建设的重点首先应放在品牌专业和重点专业上,要能为相关专业的实践教学提供服务。通过重点建设,使品牌实训基地能够实施多学科实训,充分发挥其综合服务功能,增强实训基地自身"造血"能力,促进实训基地的可持续发展。

(六)工学结合原则

"工学结合"既是教育与生产劳动相结合的重要形式,也是职业教育的特色和优势所在。高职院校品牌实训基地建设一方面要挖掘内部潜力,根据学校自身办学条件和专业特点,购置先进实用的实训设备,发挥校内实训资源的功能,以满足学生专业技能的训练。另一方面要坚持校企合作,大力推行工学结合,充分利用企业资源,积极构建"校厂"和"厂中校"。其中的焦点是,在学生顶岗实习实训期间,校企共同设计实训方案,结合职业岗位要求,设计教学内容;充分利用校企合作共建的生产性实训基地,校企共同组织实施教学,工学交替,让学生在学习中接受训练,在工作中学习。工学结合原则的遵循也有利于企业创建学习型组织文化。

四、高职院校品牌实训基地建设的工作内容

(一)打造校内品牌实训基地

校内实训基地是指以学校为主体自主建设,根据学校专业设置和实践教学的需要,有目的有计划地对学生进行职业岗位群的基本技能操作训练(或仿真模拟训练)的实践教学场

所。校内实训基地建设的思路是以培养高技能人才为宗旨,以工学结合为途径,在真实的或仿真的职业工作环境下进行教学,根据不同的课程教学内容,采取"项目导入,任务驱动或边讲边做"等多种教学方式,以生产实训为手段,让学生真正实现在"做中学,学中做",在实践中更好地掌握理论,在理论指导下进行实践,从而全面培养学生的技术应用能力和综合职业能力。而校内品牌实训基地建设不仅要切合人才培养目标、规格和实践教学质量的内在要求,具备一般性教学和培训功能,而且为了充分发挥其作用,更加有效地提高实践教学质量和资源的利用率,最大限度地为社会经济发展服务,还应强化以下功能进行建设,以产生品牌效应。

①加强社会培训功能。校内实训基地必须打造并形成基地品牌。实训基地除了完成校内实训课程教学外,可扩大培训项目,面向社会企事业单位在职人员进行技术培训。还可利用先进设备、良好的场地、具有丰富实践经验和理论知识的"双师型"师资队伍等资源优势面向社会开放,拓展基地的内涵;积极开展农村劳动力转移培训、下岗职工及待岗人员的再就业培训以及对外校学生的培训等工作。

②利用实训基地的先进设备,先进技术及高标准场地等条件,建立职业技能鉴定站/所,按照劳动和社会保障部门及职业技能鉴定机构对职业技能鉴定的具体要求,面向校内、外承接职业技能鉴定任务等。

③加强科技服务功能。高职院校应依托校内实训基地,充分利用自身的科研与人才优势,与企业联合承担科研课题,开发科研项目,帮助企业解决生产过程中的问题,为企业提供技术指导,开展咨询服务工作;促进企业尽早应用新技术,为科技成果的转化和应用推广提供强大的人力资源和智力支持。

④强化示范辐射功能。校内品牌实训基地建设不仅要努力达到较高的建设水平,取得良好的经济社会效益,还要发挥社会辐射和示范作用,为同类院校起到借鉴和指导作用。

⑤加强国际合作和交流功能。校内品牌实训基地应以超前的建设理念,良好的社会形象,独具特色的实践教学模式和较高的教学水平与国外高职教育同行通力合作、相互借鉴经验,提升我国高等职业教育的国际影响。

可见,结合功能定位,从不同角度进行分析和区别,建设校内实训基地有多种模式可供选择。参考当前校内实训基地建设的一些成功经验和做法,人们认为,为充分发挥校内实训基地的各种功能,确保建设资金和实训资源的高效利用,高职院校结合典型实训基地特点,要把握品牌实训基地建设的若干模式。具体说来,可采取以下几种模式进行校内品牌实训基地建设。

第一,学校自建教学型校内实训基地——特色专业实训室(实训中心)。高职院校自建型校内实训基地是由学校自己投资建设,资金、耗材、人员工资等由学校承担,学校自我管理、自我服务,产权归学校自己所有。自建校内实训基地由学校在教学经费中划拨(在基本基地建设和实训管理经费中列支)。校内实训基地建设的目的是改善办学条件、彰显办学特色、提高教学质量。思路是以岗位专业实训为主,重点针对岗位技能操作与训练,使学生掌握扎实的岗位操作技能,实现技能型、应用型人才的培养。当然,校内实训基地建设也应慎重规划、量力而行、量需而建;还要突出重点,努力打造品牌。

具体地说,校内实训基地建设要根据学校总体发展需要和专业发展建设规划;一般都以模拟仿真实训为主,生产性实训基地为辅;主要为校内实践教学服务,为教师、学生实践、实习和实训提供服务。作为校内教学型实习实训基地,这种模式较为普遍,多表现为特色鲜明的专业实训室或实训中心。就是依托专业实训室的多种功能,对专业课程进行理实一体化教学。基于工作过程,改变传统的学科课程体系,设计专业课程理实一体化的教学大纲、编写教案、制作课件等,使学生在操作过程中掌握理论,在理论指导下锻炼实操能力;从而构建突出职业能力的课程新体系,有效地提高课程教学质量。

特色专业实训室可依据学生在校学习期间应具备的专业能力、职业能力及综合实践能力的要求分层次建设,可建成为基础实训室、专业实训室、专业综合实训室以及生产性实训室等。安排学生在不同的实训室进行基本技能与操作规范、职业技能与职业规范的训练,满足从基本功能训练到综合技能掌握,从专业基础实训到顶岗实习实训的各种需求。不少高职院校针对特色专业或品牌专业的建设需求,将真实操作与模拟仿真实训相结合,在校园内分类建立专业实训室,包括机械、电子、计算机、经济管理、医药化工、艺术等几大类,再依据类别建设本类的各种实训室。如有的学校机械类建立了数控原理实训室、数控加工及CAD/CAM实训中心、金属切削实习车间等;有的学校工商管理类建立了连锁企业智能配送实训室、连锁经营项目任务实训室、模拟校园超市、ERP沙盘模拟实训室、会计手工模拟实训室等。

第二,校企合作共建生产性校内实训基地——"校中厂"。生产性实训的主要目的是培养高技能人才。校内生产性实训基地是学生从事生产实习实训或进行毕业实习的一种基地类型。校企坚持资源共享、互惠互利原则,由学校提供场地、理论教师和管理,企业提供设备、技术和实训教师支持,共建生产性实训基地;以企业为主组织实训教学,从事实际产品生产或社会服务,并用于学生的技能训练。依托校内生产性实训基地,生产性实训通过生产产品、研发技术、服务社会等生产性过程实现经济效益。校企合作共同建设生产性实训基地,对企业而言,减少了基础设施的投入,大大缩短了投资周期;实施订单培养既可以减少培训成本,也能够保障人力资源的长期稳定供给。对学校而言,提高了实训设施的利用率,降低了设备的投入成本,减少了实训教师和生产组织管理人员的人力投入,解决了制约高职院校人才培养质量的实训条件问题。对学生而言,学生在校内就可感受到真实的生产环境、生产任务、真实的企业管理和市场化的评价标准,并在生产过程中培养学生的职业技能,进而提高学生的职业能力。

校内生产性实训基地运营后,学生可以在学习阶段就认识企业、了解企业,使学生毕业即就业、就业即上岗、上岗即能用,其实质是按照企业的要求,形成良好的职业素养,成为符合企业要求的高技能人才;实践"校企合作、工学结合"的人才培养模式,进而实现学生零距离就业的理想。

生产性实训基地由学校进行教学管理,企业进行生产组织,教学与生产同步进行,实训的内容以企业生产任务为中心,学生在真实的工作情境、文化氛围和职业体验中,按真实的生产要求生产真实的产品,按企业员工的标准对学生进行多维度的考核,真正体现"学做合一",在"做"中"学",在"学"中"做",从而有利于培养学生较强的职业技能、职业素质、劳动意识、质量意识、责任意识,使学生有更明确的职业目标和更强的职业发展动力;有利于实现培养有良好职业素养的高技能人才的目标。同时,也有利于打造一支理论与实践能力相结合的"双师型"优秀教师团队,并与企业兼职教师共同构建开放组合的双师结构,有效补充学校实践型师资的不足。

1. 建设好校内生产性实训基地,要实现"八个合一"

①生产车间与教室合一。学生专业课上课的教室就是实训室,也是产品的生产车间或是业务的工作室。

②学生与学徒合一。在生产性实训基地里,学生既是专业技能的学习者,又是生产一定有形或无形产品的学徒。

③教师与师傅合一。教师既是理论知识的传授者,又是生产实习的师傅。

④教学内容与工作任务合一。在生产性实训中,教学的内容往往就是让学生完成企业的一项工作任务,即通过一系列理论与实践相结合的项目式、任务式课程,以任务形式驱动学生完成专业学习。

⑤教学用具与生产工具合一,教学设备就是生产设备,教学素材就是生产的原材料。

⑥作业与产品(作品)合一。学生完成的作业不仅仅是写在作业本上的,也是生产出的合格产品或是学生的创意作品。

⑦教学与科研合一。教师在完成生产、实训任务的同时,又能开展一些新产品、新技术研发,教师可以面向企业积极开展应用性的横向课题的研究,师生共同完成科研项目或学生完成毕业设计,一般来说,生产性实训中心应有新产品、新技术创新平台、研究所或重点实验室支撑。

⑧育人与创收合一。通过生产性实训,既培养了一批高技能人才,又生产了一定的物质产品,实现了社会效益与经济效益的双丰收。

2. 财政支持型校内实训基地——专业性实训基地

财政支持型校内实训基地是由各级政府的财政投资与高职院校自筹资金相结合建立的校内实训基地。按照"在国务院领导下,分级管理,地方为主,政府统筹,社会参与"的职业教育管理体制的要求,发展高职院校的主要责任在地方,发挥统筹作用的是政府。因此,建设高水平高职校内实训基地也是地方各级政府的责任。中央财政的经费主要起扶持、引导和示范作用;目的是促进带动地方政府加大对实训基地建设的投入力度。从中央财政投入重点来讲,主要侧重于支持"示范性强、培训效果好、社会影响力大、具有辐射作用"的专业性实训基地。专业性的实训基地往往是实训条件较好、实力强、在当地某一专业领域能起示范辐射作用,通过政府一次性投资能够更好地加快建设;以服务本校为主,又能与周边院校和企业共享。同时,还能用于培养社会急需的技能型短缺人才,能很好地开展社会培训、下岗职工再就业培训、农村劳动力转移培训以及进行职业资格技能鉴定等工作。有鉴于此,高职院校在建设校内品牌实训基地时应积极争取各级政府的财政支持,以加快并提升建设步伐、质量和影响。

（二）共建校外品牌实训基地

所谓校外实训基地是指高职院校通过某种合作方式,利用企业和社会资源开展学生岗位技能培养与职业素质养成的实践教学场所。校外实训基地是校内实践教学的延伸和有效补充,对于完善高职实践教学体系、提高人才培养质量有着重要意义。但是,从目前我国高职院校所建立的校外实训基地来看,多数高职院校尽管拥有一些校外实训基地,但远不能满足实践教学需要,难以形成长期稳定、双向互动、运转良好的校外实训基地运行状态。可见,高职院校建设特色鲜明、稳定可靠、成效显著的品牌校外实训基地已势在必行,而校外品牌实训基地的建设,尤其是打造出优质的校外实训基地并不是高职院校独立可以完成的,需要"地方政府、学校和企业"三元互动、共同努力,充分发挥各方在校外实训基地建设中的不同作用。

1. 发挥政府的主导作用

目前,我国绝大多数高职院校是由各级政府或行业主管部门主办的,政府或行业主管部门是当然的投资主体;既能够为高职教育发展提供资源保障,也能够运用政策引导企业参与高职教育,通过政府职能的发挥促成校企合作。因此,各级地方政府可按照"政府主办、企业联盟、学校经营"的三元互动的办学模式加快发展高等职业教育。在此办学模式背景下,政府应充分发挥宏观调控职能和主导协调作用,为校企合作搭建平台,创造良好的校外品牌实训基地建设的环境。尤其是在法律和政策上给予大力支持;面向企业出台优惠政策,如给参与高职院校实训基地建设的企业实行税费减免、贴息贷款、免费为企业职工进行技能培训、鉴定,优先立项校企合作科研项目等。通过这些,调动企业参与实训基地建设的积极性,引导和鼓励企业与高职院校联办或参与实训基地建设,使企业成为实训基地建设的有力支持者和受益者。同时,强化实训基地的管理水平和服务范围,鼓励、吸引和动员社会其他资金进入实训基地建设领域,实现全社会各种力量共同参与建设的良好局面。

2. 强调学校的主体作用

人们能够从总体上认识到我国高职院校加强实习实训等实践性教学环节在培养学生职业素质方面的重要作用,为了提高学生的实践能力,学校必须加强实训基地建设。

学校在自身资源不足的情况下,更要发挥自身的主体作用,拓宽思路,用新体制、新机制、新模式设计实训基地建设方案;积极主动走向社会,建立与行业、企业单位的密切联系。由于学校一般专业设置较多,实训基地建设不可能面面俱到;而要完成实习实训任务,在加强校内实训基地建设同时,还要充分利用好行业企业的先进设备、实训场地等资源,与行业企业合作共建校外实训基地。校外实训基地不仅可以弥补校内实训设备和空间的不足,还可以创建一种能够有效促进教与学双向互动的职业情境,在浓厚职业氛围中锻炼和培养学生胜任职业岗位能力。学校还可与校外企业实训基地进行双向合作,利用学校所拥有的科研、技术优势为企业提供相应的服务,为企业开展相应的培训等。学校还可以聘请校外实训基地专家、技术骨干担任学校的兼职教师,为学生作报告,参加学生毕业论文(设计)答辩等。同时,学生在企业顶岗实习实训,不仅解决了企业的用工问题,企业还可在学生毕业时优先挑选人才，使学校和校外实训单位双方的合作真正实现"共赢"。

3. 注重企业的参与作用

高职院校发展需要企业积极参与——依托行业，与企业合作是高职教育发展的源头活水。尽管校企合作可为企业培训员工、共同开发新产品、优先让企业挑选毕业生等，但从目前情况来看，企业参与高职教育的积极性仍没有得到很好调动和发挥。高职院校要发挥自身办学优势，关注企业需求，了解企业发展中存在的困难，为企业出谋划策，帮助企业解决在生产中所遇到的问题，主动为合作企业服务，在为企业服务中构建校企合作的情感基础，吸引企业变被动为主动参与学校校外实训基地建设。比如，学校根据企业需求，校企一起拟定教学计划、实训内容，充分发挥企业的优势，通过人、财、物的市场化运行与管理，共同参与实训基地建设、参与学生的培养工作，学生毕业后直接到企业就业，既为企业提供了人力资源，也为学校学生提供了就业机会，实现校企间的互惠共赢，形成企业参与式基地建设模式。再如，企业订单型基地建设模式是指企业根据自身发展需要，按照企业岗位需要培养人才的模式，与学校协商，由企业为学校提供资金与技术支持，委托学校采用订单式的培养，专门为企业批量培养人才。

企业参与校外实训基地后，学校应更加关注与企业的联系，密切与企业的感情，关注企业的发展及需求，促进实训基地的进一步发展。学生须在校内做好顶岗工作准备，根据每次到企业顶岗实训的任务、内容和要求，在学校就做好相应的基础理论、专业知识和技术技能的准备；以便他们到企业后适应岗位工作要求，能在岗位上从事实际工作。学校要建立专业实训指导教师到企业定期检查制度，以分担企业的精力；保证随时有学校专业教师或企业外聘指导人员指导实训，以解决实训中的问题，达到教学要求，保证实训质量。同时，构建产学研训相结合的实践教学体系，定期安排行业专家走上讲台，对学生进行专业讲座和学术报告，聘请来自一线的技术骨干直接参与教学；企业实训基地积极接纳教师到企业参加实践，追踪行业发展动态，学习及更新专业技术，提高教师的专业素质。

（三）品牌实训基地的内涵建设

1. 加强实训师资队伍建设

"双师型"实训教师队伍建设是构建品牌实训基地的最重要内容，没有高水平的实训指导教师，品牌实训基地建设就失去丰富内涵，也就难以培养出高技能的应用性人才。如要实现品牌实训基地建设的目标，就必须打造一批理论水平较高、实践能力较强的"双师型"师资队伍。学校在品牌实训基地建设中应鼓励教师积极参与，在建设实践中更新教育理念，在实践教学中提高技能水平和实际操作能力。多数学校采取"外引内培"以及走专兼结合的途径进行"双师型"教师队伍建设。其中的关键是结合各自实际，建立"双师型"教师资格认证制度以及相应的激励机制，调动实训指导教师的积极性。

2. 特色实训教材的开发建设

随着高职教育的快速发展，与高职教育培养目标相适应的实训教材也逐步出版完善。有些教材也突出了高职教育的特点，基本能够满足学生学习理论知识的需求。因此，高职院校结合自身实际，与企业合作或同类院校联合编写适合专业及专业群适用的特色模块实训教材十分必要。高职院校针对专业训练及实际操作能力培养,可组织教师编写实训教材、实训指导手册、实训设备使用说明书等;并把国内外最新知识、最新技术、最新工艺,充实到实训教材中,从而进一步完善与实践教学相适应的课程体系,这也是加强实训基地内涵建设的重要内容。实训教材的编写,首先要注意可操作性,以实训项目为单元,以培养学生操作技能为目标,以对学生技能训练针对性较强、训练目标较明确、便于学生操作的实训项目来组成。其次,实训教材的内容要不断更新,要与新技术、新工艺、新生产相贴近,体现教材内容的特色和实用性、先进性,同时还要有一定的前瞻性。最后,实训教材内容要简明,只要求教师讲清基本理论,学生能够理解,便于掌握基本方法,容易掌握基本操作技术,容易提升基本技能即可。

3. 实训基地特色文化建设

特色文化体现在实训基地的环境中。高职院校实训基地在加强硬件投入的同时,还应注重实训基地的特色文化建设。唯有如此,才能充分发挥实训基地的功能,提高实训基地的投资效益,促进实训基地的管理和运行,为打造品牌实训基地奠定基础。实训基地的文化建设包括物质文化、制度文化和精神文化等三个方面。

第五章

校园网络与高职校园文化建设

网络在一个虚拟的世界里发挥着它的巨大作用,并因此形成了一种虚拟的网络环境。网络改变了人们的生活,也同样对校园文化产生了巨大的影响。

第一节　网络、网络环境与网络文化

一、网络的定义

网络(Internet)又称国际信息互联网络、因特网、互联网,是一个集通信技术、计算机、数据库以及相关电子产品于一体的电子信息交换系统,它能将大量的文本、声音、图像等信息随时随地传递到任何地方。随着新的网络协议的 TCP/IP(传输控制协议 1 网际协议)的形成,因特网一词正式出现,所有连入网络的计算机必须采用 IP 协议,科研人员可以共享以前提供的超级计算设施,随着五大超级计算中心的建立,连接基金会所有的超级计算机的系统也随之建立,名为 NSF net 的高速信息网络,该网络继续采用 TCP/IP 协议,且面向全社会开放,使因特网进入了以资源共享为中心的实用服务阶段,NSF net 迅速成为因特网的主干网络,从此走向世界。因特网的诞生标志着网络社会正向人们走来,人类正在进入一个网络文明的新时代。

随着信息技术与互联网的发展,网络逐渐被广泛应用到高校的教学工作、教育管理工作、学生的学习生活等各个方面,高校的信息化进程也在逐渐加快。目前,全国已有成百上千所高校建立起比较完备的校园网,教室、学生宿舍、办公区、家属区等都接通了互联网,网络已成为高校师生交流互动的纽带,师生获取信息的主要渠道,开展思想政治教育的有效平台,同时网络对师生的价值观念、思维方式、学习方式、交往方式等也产生了较大影响。

二、网络环境与网络文化

(一)网络环境

网络环境是指在电子计算机和现代通信技术相结合的基础上构建起来的宽带、高速综合广域型数字式电信网络,这种网络通过网中设网、网际互联,可以覆盖一国、数国乃至全世界。网络环境如同人们周围生活的社会环境、工作环境、学习环境一样,只是它是一种由电子元件支撑的物理空间,是一种虚拟的世界。网络环境中交流、互动的方式和手段主要有以下几方面。

①万维网(World Wide Web,简称 WWW)是一种非常便利的网络信息查询系统,其最大的特点是采用了超链接技术,将各种主题的网链集中在一起,让使用者通过键盘、鼠标,浏览众多网络信息,是当前人们了解信息的主要手段。

②电子邮件(E-mail)已经成为互联网上重要的场所和必备的使用工具,是人们在网络

环境下交流的主要手段之一,其用途相当于生活中的信件、书函等。

③电子公告板(Bulletin Board System,简称BBS)即人们可以把任何想要传递和交流的信息放在电子公告板(BBS)上面,通过网络广而告之天下,其用途相当于海报、宣传栏等。

④聊天室(Internet Relay Chat 简称IRC)可以让人们在虚拟的空间中同步交流,是一种实时工具,也称"电子咖啡馆",其发展较为迅猛,衍生出来的QICQ已成为青年人在网络环境下交友的主要方式。

⑤虚拟社区是网络上专门为网民提供可建立免费个人主页的电子空间、建立各种虚拟组织并在这种虚拟空间内进行自由交流、开展各种活动的平台。

⑥网络游戏这是近几年从发达国家引进来的新生事物,它把原来的人和电脑的游戏模式改为了人与人之间通过网络进行间接对话的游戏模式,深受很多青年朋友甚至是少年朋友的喜爱。

(二)网络文化

1.网络文化的含义

网络文化是一种以计算机和信息通信技术为物质基础,以全球性信息资源的开发和共享为前提,以自由、多元和速度为特征的崭新的文化形态,它是一种以网络技术广泛应用为主要标志的信息时代的文化。网络文化包括三个层面:外层、中层及核心层。外层是构成网络的设备层面,在某种程度上也就是人们所说的"硬件",主要包括计算机、调制解调器等。中间层是保证信息传递和处理的各种操作、处理系统,在某种程度上也就是人们所说的"软件",各种软件体现了人们构架网络的思想和科学原理,是设备层得以顺利运行的保证。核心层是网络运输的信息所表达的意思,是指由网络信息、资源所形成的某种世界观、人生观、价值观和新的生活方式、工作方式等以及与网络有关的制度规范等,这是网络信息、资源文化所要关注的东西。因为在某种程度上人们可以把外层和中层看成是"技术",而"文化"所表达的恰恰是透过技术层面而直达文化核心的东西。外层和中间层一直构成网络文化的物质层面,它们是网络文化形成的基点;核心层包括网络文化的精神层面和制度层面,网络文化的发展将从根本上改变人们的交往方式、生活方式、思维方式以及价值观念。

2.网络文化的特点

(1)资源共享性特点

互联网将不同社会,不同种族的文化信息"一网打尽",方便人们学习和借鉴优秀的文明成果,有利于提高自己的文明程度。同时,网络的开放是一种完全平等的开放,有利于文化的交融与发展,任何一个民族、国家都可以利用互联网来发展自己,任何一种民族文化都可以在互联网上传播和交流。

(2)即时性特点

即时性特点主要表现在两个方面:一是网上信息传递的快捷性。这种快捷性的原因就在于网络交往自身的特点,网络信息是按电子运行速度来传递的,一种文化现象、一种观点可以瞬间到达网络世界的各个角落。二是体现在交往者间关系建立的快捷性和另一种方式取代的快捷。在互联网上人们可以进入任何一个自身感兴趣的"文化圈"参与活动,可以加入新闻组发表自己的意见,也可以建立自己的讨论组。

(3)交互性特点

在互联网上可以通过一对一、一对多、多对多的网络论坛进行讨论和交流,有利于在网络条件下实现"以科学的理论武装人、以正确的舆论引导人、以高尚的精神塑造人、以优秀的作品鼓舞人"的战略任务,增强社会主义精神文明建设的辐射力、吸引力、感染力。

(4)虚拟性特点

网络是个人可以主动参与其中的交互式虚拟世界,人人可以在网上充分展示自己的个性、才能,相对自由地发布信息、表达情感、发表意见。在网络世界中,以信息沟通为主要方式构成了网上群体的生活空间,以网上社会生活空间和生活方式塑造了网上虚拟身份,这一切都摆脱了现实中的限制,使人类生活的适应性和建构性具有了新的内容。匿名的网络给人们的精神世界营造了相对平等而自由的空间,使情绪得以表现和宣泄,对人的情绪调节和放松起到了一定作用。这个特点一方面模糊了真实、虚拟世界间的界限,从根本上改变了学生的认知方式,另一方面形成了虚拟社会中人与人之间交往所特有的规则和交往方式,从根本上改变了学生的交往观。

(5)平等性特点

分散式的网络结构使其没有中心、没有层次没有上下级关系,与报纸、广播、电视等传统媒体相比,网络更富有平等性。它的异步传输与交互式沟通使得个人能够更从容地选择和吸纳信息;由于网络信息的特征,使网络成员在虚拟空间的平等成为可能,人们可以无所顾忌地敞开心扉。每个上网者既可接收信息又可传播信息,也可以制造信息;既相互沟通又相互感染。

(6)大众化和民主化特点

网络文化必须满足最广大网民的需求、必须为支持它的网民服务,这是它的商业性质决定的。在竞争高度激烈的网络时代,谁拥有最多的网民,谁就拥有财富,它再也不是高高在上的贵族化的东西,也不是为少数人服务的工具,网络最终为大众拥有并为大众服务,由此,网络文化成为一种大众文化,带有鲜明的民主色彩。

三、校园网络文化

基于信息技术发展起来的网络环境包含了丰富的文化内容,从而形成了崭新的、开放的网络文化。校园网络化的直接结果是网络文化与校园文化形成"交叉",进而产生了一种新型的校园文化——校园网络文化。校园网络文化是校园网络化条件下所形成的一种崭新的校园文化,是校园文化在网络环境下的新发展。

(一)校园网络文化的含义

校园网络文化是指高校校园内与互联网紧密联系的一种文化形态,可以分为物质文化、精神文化和制度文化三个要素。物质文化是指以计算机、网络、虚拟现实等构成的网络环境;精神文化主要包括网络内容及其影响下的师生员工的价值取向、思维方式等;制度文化包括与网络有关的各种规章制度组织方式等。这些要素不是孤立存在,而是相互制约、相互影响,显示出校园网络文化的特殊规律和特征。

(二)校园网络文化的特征

校园网络文化与校园文化一样,也包括四个方面的层面结构,即物质文化层面、制度文化层面、行为文化层面和精神文化层面。其中物质文化是基础,制度文化是纽带,行为文化是载体,精神文化是灵魂。但校园网络文化是校园网络化条件下所形成的一种崭新的校园文化,它的各个层面都将表现出新的特征。在物质文化层面上,校园网络将成为最重要的校园文化的物质依托。在网络时代,传统的有形的校园社区仍是校园文化的最重要的物质基础,但是,校园网络将成为发挥更大作用的一种新的物质力量。校园内的许多教学与管理行为都将通过校园网络来实施,师生之间、生生之间的交流也将通过校园网络来进行。

在制度文化层面结构上,校园网络文化将体现出高效和规范的特征。由于校园网络将行政管理、信息管理教学服务、研究开发等各类系统连接起来,实现这些系统之间的信息交换和信息服务,给教师、科研人员和学生带来极大的方便。

在精神文化层面上,校园网络文化使学生精神的积淀更加丰富,同时也更具有时代性。这种时代性体现为网络文化对已有大学校园文化的冲击,这既是对已有校园文化的部分否定,也是对已有校园文化的超越,它具体表现为民主意识、开放意识、创新意识和未来意识的增强。民主意识的形成是因为校园网络为师生员工参与学校管理、师生之间的沟通与交流、管理者和被管理者之间的沟通与交流提供了场所,在网上,人人平等。开放意识是因为校园网络接入国际互联网,高校必须向社会开放。创新意识是由于在网络时代,传统的以教师为中心、以课堂为中心的教育方式逐渐弱化,代之以学生为中心、以实践为中心的现代教育方式让学生成为探险家和发明家,创新意识成为校园文化的重要特征。未来意识是指在网络时代,人们将从未来社会发展思考今天的教育和生活,以未来社会发展要求今天的教师和学生。

在行为文化层面结构上,校园网络文化主要表现为学生的个性化特征更加明显,同时教师的作用也发生了变化。对学生而言,由于学习的方式和交往的方式发生了变化,使他们的个性化特征明显地表现出来。他们灵活地使用语言、图形、动画、影像等手段来理解和记忆学习内容,既可以借助文字教材、计算机网页和多媒体光盘等载体学习,也可以通过电子语音信箱、电子邮件等多种途径与教师进行交流;在日常交往中,他们更多地通过网上聊天或以电子邮件的方式进行交流。

(三)校园网络文化与传统校园文化的关系

校园网络文化是学校在网络环境下产生的一种新的文化形态,它自然而然地体现和反映了校园文化氛围浓厚与否、精神文明建设成果如何,校园网络文化是传统校园文化在网络环境中的体现。

首先,校园网络文化是对校园文化的虚拟。网络是对现实的虚拟,校园网络文化主要就是对校园文化的虚拟。虚拟分为三种:对现实的虚拟、对可能性的虚拟、对非可能性的虚拟。我国校园网站的内容大多是学校自身建设和发展及师生学习、工作、生活的再现,同时,也包括师生的一些建议和设想,只是出于各个学校自身的情况不同,对于这些内容的侧重有所不同而已。所以,校园网络文化大多是对校园现实的虚拟,部分是对校园发生的事件可能性的虚拟。

其次,校园网络文化是传统校园文化的发展。校园网络文化的传播突破了传统的空间和时间的限制。传统的校园文化主要通过社团活动及学术研讨、专题报告、讲座等形式进行传播,其面对的对象一般是校内的部分师生,同时上述形式在一定程度上受到时间和空间的限制,这就影响了其传播的速度、深度和广度。而今,由于网络的介入,学术研讨、专题报告、讲座的内容可以生动地再现网络媒体,个人可以根据自己的爱好和兴趣,有选择地观看,这大大促进了校园文化的传播,提高了校园文化的影响力,实现了文化的跨群体交流。

再次,校园网络文化是传统校园文化的延伸。学生主要的精力要用于学习,与社会直接接触是有限的。由于受到区域性限制,师生对外界社会的感知依赖于报纸、广播、电视等传统媒体,而这些媒体对于信息的传播都是单向的,这就影响了广大师生对知识和信息的获取以及同外界的交流。而网络使其由被动接受外来信息到主动选择信息,促进了师生的个性化发展。他们利用网络同外界进行多方面的交流,获取大量的信息和知识,有效弥补了传统校园文化同社会其他文化之间存在的真空地带,丰富了校园文化,为校园文化注入了浓郁的时代气息,使校园文化和其他社会文化保持同步。

第二节 网络及网络文化对校园文化的影响

一、网络对校园文化建设的影响

在信息化浪潮的推动下,上网已经成为青少年学生选择的生活方式和校园时尚,网络对于校园文化及其建设的影响主要体现在以下几个方面。

(一)网络给校园文化建设带来的机遇

在日益发展的信息化校园中,学校校园文化的各个层面都打上了信息化的烙印,网络时代的校园文化面临着前所未有的机遇。

首先,网络化社会必然会更新人们的观念和思想。网络技术作为世纪最具革命性的科学技术之一,以其不可阻挡的推动力促使了人们思想的大解放。网络开阔了人们的眼界,活跃了人们的思维,促进了人们思想观念的更新,而校园作为接受新生事物最具活力的场所首当其冲,开放、民主、平等、创新的观念则被普遍认同。校园网络接入国际互联网,学校必须向社会开放;校园网成为师生员工参与学校管理及彼此沟通交流的平台,在网上人人平等;在网络时代以学生为主体,以实践为中心的现代教育方式使创新成为校园文化的重要特征。这在客观上为学校校园文化建设奠定了良好的思想基础,也是学校校园文化建设的目的之一。

其次,网络环境为校园文化建设提供了新的平台。在互联网时代之前,课外学术讲座、报告会、知识竞赛、演讲赛墙报、专刊、各种寓教于乐的活动以及社会实践,都是进行学校校园文化建设的重要途径和方式。网络技术的普及,为校园文化建设开辟了新的途径,提供了新的方式和手段,各种崭新载体如网上宣传队、网上讲座、网上"论坛"、电子信箱、热线服务等都为校园文化建设注入了新的活力。校园内的许多教学和管理行为都通过校园网络来实施,师生之间、生生之间交流也通过校园网络来进行,异地学生还可以通过校园网络参与校园内的文化活动和各种在线交流活动。传统的有形的校园社区仍是校园文化最重要的物质基础,而新型的校园网络只是为校园文化建设提供了新的平台,注入了新的活力,因此要因势利导,充分开发和利用好网络资源。

再次,网络环境使校园文化的功能得以拓展。对学生的成长而言,网络环境下的校园文化继续具有教育、引导、渗透、规范等功能,同时,校园网络又成为学生实现自身价值的重要舞台。学生通过网络参与管理、发表作品、与教师同学交朋友,以展示自身在校园内的存在价值;一些学生则通过设计和维护网页、担任网管等方式来发挥自己的特长。对教师的教学工作而言,校园网络成为教学和教学管理的重要载体,校园网络使课堂教学与课外活动更多地结合起来,校园文化活动成为课堂教学更为重要的组成部分。对学校的管理而言,一方面网络环境下的学校管理不再是对学生进行支配或者控制,而更注重为师生员工服务;另一方面在校园网络的基础上形成快速高效、灵敏的信息反馈机制,使师生员工的意见和建议能很快地在网上反映出来,学校的管理者能迅速掌握有关信息,并通过参与聊天、发表帖子等方式来介入讨论和说明,进行疏导,听取意见,这样使得学校的管理更加高效。在网络环境下还可以进一步拓展校园文化的社会功能。校园网络是连接社会与学校的重要界面,社会上越来越多的人通过校园网来了解学校、关注学校,校园网络成为展示校园文化学校形象的重要载体。

最后,网络环境给思想政治工作带来了机遇。网络给人们的思想政治教育带来了难得的机遇,在网络条件下思想政治教育工作可以同网络相结合,利用新的认识工具、新的交流方式使高校思想政治工作具有更强的生机和活力。随着计算机的普及和通信技术的不断发展,互联网的快速传播、同步交流、资料检索等功能的广泛应用和扩展使网络媒体越来越多,功能越来越齐全,这给思想政治工作的开展创造了难得的机遇。通过互联网的多功能性,在网上可以广泛宣传党的方针政策,帮助学生加深对党的方针政策的理解;与传统的教育手段相比,网络具有更大的优势,更能取得实效。一方面,互联网的发展可以使学生在网上学习先进人物的事迹、国家的大政方针等,这是一个主动接受"灌输"的过程。在校园网上,教育者与受教育者有平等自由地参与机会,受教育者受到充分的尊重;利用网络进行道德渗透,可以不受时间、地点、场合的限制,同样的信息可以传递给更多的学生,可以节约成本,提高效率;另一方面,网络是一种极具感染力的传播工具。它能将文本、图画、声音等信息集成一体,能够极大地激发学生的求知欲和想象力,最大程度地调动学生获取信息的主动性和参与性,使思想道德教育更加生动活泼。

(二)网络刷新了校园文化与社会文化的关系

尽管校园文化与社会文化有着千丝万缕的联系,但因"围墙"隔离,校园文化仍具有相对独立性。然而,校园信息化的发展却使校园文化与社会文化的这种关系发生了变化。

首先,网络使校园文化的社会性日益增强。伴随通过网络的校内外文化交流的增多,校园文化的社会属性也在日益增强,社会文化对校园文化的影响度空前加大。校园网上许多文章都是"转贴"社会网站或纸质媒体的,有学生转发的也有网站转发的,转发文章经典性、针对性或可读性都较强,对校园文化能够产生较大的影响。社会流行时尚、热点问题等更容易波及校园,这在"旅游""流行时尚"之类的"休闲娱乐"板块上有所体现。诸如单位招聘、商务活动之类的社会信息也随着网络纷至沓来,在"信息长廊"之类的系列板块上随处可见。种种现象表明,网络环境下社会文化对校园文化影响的深度、广度、速度都空前加大了。

其次,网络使校园文化对社会文化的辐射作用也不断扩大。校园网与互联网实现连接本身就是校园文化通过网络走向社会的一种标志。校外网站及媒体对校园网文章的转发、网上文化交流等都是校园文化走向社会的表现形式。网络的延伸在一定程度上拉大了校园文化的辐射空间,突出的例子就是基于网络所进行的教育、招生、考试等活动。方兴未艾的远程教育使高等教育突破校园围墙和地域限制,从而使教育对象的数量和范围都空前扩大,这种崭新的教育方式在对传统教育文化产生重大影响的同时,也源源不断地把校园文化传向了四面八方。

最后,网络使校园文化与社会文化以及校际文化之间的交流空前增多。借助网络,校外网民可以方便地登录校园网,除获得招生、专业设置等信息外,还能参加聊天之类的各种网上活动。与此同时,校内师生也可以通过校内服务器等设备方便地登陆校外网站,从事查找、下载、观光、社交之类的活动;这种方便的、大规模远距离的文化共享活动只有网络化时代才能实现。除网际文化交流外,校园网与纸质、电视等传统媒体在内容、节目转播、活动等方面也存在着密切交往。

(三)网络改变了校园文化主体的参与方式

校园文化的主体是指营造参与校园文化及其建设的校园人群,包括学生、教师、管理人员、后勤服务人员等。校园文化主体的思想、行为等会随着社会的发展变化而变化,在网络环境下,校园文化主体的参与方式呈现出许多新特点,主要有以下方面:

一是交往的虚拟性与平等性。网上交往最大特征在于虚拟性,虚拟状态为人际交往提供了安全屏障。网上交往的虚拟性还淡化了现实生活中的同学同乡等种种交往"圈限",从而使交往变得更加自由、平等。虚拟中的交往是平等的,它可使大家畅所欲言,互动性和民主气氛都很强,具有极大吸引力。

二是选择的自主性与多样性。网络环境具有多元化和多样化的特征,当代青年学生受其影响,其价值取向也出现了强烈的多元化和个人本位化特征,这在校园网络文化中表现得极为明显。互联网的开放性、交互性、包容性特点决定了它是一种多层次、多形式、多方向的复合型或混合型文化,能最大限度地适应广大网民不同品位、满足他们不同的价值选择及兴趣爱好。因此,校园网犹如琳琅满目、五彩纷呈的超级市场,参与者成了手提方便袋的购物者。自主选择不是网络的专利,但在网上却表现得尤为突出,网络卓越的"集约功能",将多种形式、类型、品位的文化都网罗殆尽,并通过一个个视窗将其集中展现在"消费者"面前。

三是参与的开放性和大众性。网络文化的主体是大众,这显然不同于传统的"精英"文化,可以说,互联网文化才是真正意义上的大众文化。互联网是开放的,首先,它要面向世界,包括校园网在内的任何站点都是世界网络中的一个"关节点";其次,互联网要面向"未来",要满足信息不断更换和时刻刷新的要求;再次,它要面向大众,通过密如蛛网的网线和多如繁星般的终端来最大程度地吸引广大民众。校园网的发展不仅使绝大多数学生共享了校园文化的繁荣,也为他们积极参加网络讨论、网上各种竞赛等网络文化活动创造了条件。

二、网络文化对传统校园文化的影响

网络文化作为一种崭新的文化,无论其内容和形式都迥异于以往的传统文化,并以其信息的开放性、资源的共享性、环境的无序性使传统的文化受到严重的挑战,传统校园文化也受到了网络文化的影响。

（一）网络文化改变着传统的办学理念

网络文化的迅猛发展急剧改变着传统的办学理念。尤其是在高校,在大学追求科学精神和人文精神的统一、实现人的多样化和个性化发展这一新型理念上,在大学培养全球化发展所需要的专门人才和多能型人才目标上,在创新信息开发者、知识传播者和学习者共同联结平等互动的开放式管理模式上,校园网络文化起到了前所未有的巨大推动作用,折射出了现代大学办学的新理念、新思维。

（二）网络文化改变着传统的教育方式

随着信息技术的发展,利用计算机的海量信息储存能力、多媒体功能和强大的网络通功能,使传统的教学模式开始发生空前转变。根据教学需要,师生可以进行有利于教学双方创造性思维发展的开放空间教学组合。学会获取、选择、利用信息以及使用计算机来处理信息的技能将是最基本的生存技能。网络化对学习环境和手段的改变使以学生学习为中心、以个性化教学为模式的新的教学格局正在形成,这是网络文化对青年学生最大也是最直接的影响。

（三）网络文化改变着学校娱乐方式

电子公告板系统即BBS是计算机网络上可以自由发表意见并就感兴趣的问题开展讨论的信息汇集点,由于不拘形式且内容新颖、活泼,可以吸引很多人参加。BBS站点的建设加速了校园信息的传播,拓宽了校内信息交流的渠道,丰富了课余生活促进了学术交流,对校园文化建设具有不可忽视的影响,同时网络带来了高校师生的娱乐方式的变化。网络可以及时传送文字声音、图像,集多种媒体功能于一身,拥有强大的娱乐功能和丰富的娱乐资源。一方面将原有的种种娱乐形式电子化、在线化;另一方面不断创造新的娱乐内容和形式,如Flash制作。

（四）网络文化拓宽了学生的求知途径

网络资源极其丰富,网络文化的使用使学生的学习和实践都有了极大的拓展,通过网络可以方便、快捷地查找到书本以外的知识,丰富学生的知识面;在网络信息处理中,问题得以解决所带来的成功感更能激发学生躬身实践,勇于探索的勇气。网络技术是教学的辅助,信息技术与课程的整合又丰富了教学的内容,拓展了教师的教和学生的学,网络的娱乐性与丰富性以及成本较低都深受高校师生特别是学生的喜爱。

(五)网络文化扩大了学生的交往面和自我实现空间

一方面,网络文化扩大了学生的交往面。网络的存在使人们的交流超越了时间和空间的障碍,极大地丰富了人与人的交往方式。网络为学生创造了全新的交流空间,只要网络存在,他们随时随地可以与外界联系。随着网络环境和网络应用的发展,网络强大的功能和便捷的实用性会使人们越来越多地依赖网络进行交流。通过网络会交到不同的朋友,可以获取不同的认知体验;另一方面,网络文化扩大了学生的自我实现空间。网络为大家提供了一个共用的平台,在网上人们不论年龄、财富、资历等,大家都是平等的,这种平等的交往空间尤其受到青年人的青睐,通过网络他们可以学习、交友、求职、参与竞争、解决实际问题等,网络成为他们实现自我价值的有效途径。

第三节　网络环境下加强校园文化建设的意义

高职校园文化是高职院校德育工作的重要载体,在信息化时代,加强高职校园文化建设,不仅在推进高职德育工作中具有重要的意义,而且在优化高职育人环境、推动高职文化素质教育以及提高高职学生的综合素质等方面具有十分重要的意义。具体表现在以下方面。

一、有利于优化育人环境

高校作为育人的场所,育人环境就是指校园文化环境。由于校园文化环境的好坏直接关系到师生的身心健康和工作学习质量,所以,在校园文化建设的实践过程中,各高职院校都很注重育人环境的优化。

(一)优化课余文化建设,丰富校园文化生活

在网络环境下,高职院校学生的课外时间大都会在网上度过,因此,应该根据高职院校学生的特点和实际需求,适度地开展一些丰富多彩的网上科技文化活动。活动的开展要注意以下两个问题:一是要遵循自主性、实践性、愉悦性、发展性、教育性、针对性的原则,做到"五有"(有计划、有方案、有记录、有成效、有总结)、"四定"(定人员、定地点、定时间、定内容)、"三落实"(组织、经费、器材)。二是网上课外活动的内容、形式要多样化。既要有思想性和知识性的,又要有娱乐性、互动性和实践性的,比如开展"网上院长接待日""网上论坛"等极具时代气息,学生喜闻乐见的网上活动,以此优化课余文化建设,丰富校园文化生活。

(二)优化舆论文化建设,形成优良校风

网络是一个熔炉,能把生铁炼成钢,也可能是染缸,影响着大学生。在网络环境中,学生的思想行为容易受到网络舆论的制约和同化,心理学上称之为"从众心理"。因此,各高职院校要重视校园网络文化的建设,真正做到"以正确的舆论引导人"。要树立正确的网络舆论,首先要加强政治理论学习,注重养成教育。通过学习,提高学生的思想认识水平及明辨是非的能力,使学生树立正确的世界观、人生观、价值观,养成良好的道德行为习惯。其次要确定共同的奋斗目标。学校应根据社会发展趋势及学校实际情况、办学特点,提出校级奋斗目

标,各班可相应地制订班级奋斗目标和个人奋斗目标,并积极开展"争先创优"活动。

(三)优化人际环境,创造和谐的师生关系

师生关系间接地影响学生的健康成长。师生关系也是学校教育过程中最基本的人际关系,无时无刻不在影响着教育过程和教育效果。师生间只有建立融洽和谐的关系,才能取得最佳的教育效果。在网络环境下师生可以通过多种网络途径实现思想上的交流,由于网络环境的虚拟性特征,学生更容易敞开心扉、畅所欲言,教师也更容易了解学生的真实想法,师生之间更能互相督促、互相提醒、互相交流、互相提高,在这种团结友爱、相互尊重的气氛中,学生定能得到健康成长。

二、有利于推动文化素质教育

高职院校学生的基本素质包括思想道德素质、文化素质、专业素质和身体心理素质,其中文化素质是基础。当前,加强文化素质教育不仅是高等教育改革的需要也是当代学生全面发展的需要,更是时代发展的需要。文化素质教育的目标是要实现创造教育、做人教育和个性教育的统一,其中做人教育是基础、个性教育是手段、创造教育是目的。文化素质教育是高质量人才培养的重要组成部分,它是一项系统工程,贯穿于整个大学教育的过程,因此,其教育课堂范围是广泛的,其教育方式和途径是多角度、多渠道、多层次、多形式和全方位的。其中,校园文化建设是文化素质教育一个很重要的方式和途径,它对于学生陶冶情操、砥砺德行、磨炼意志、塑造自我具有重要作用。

(一)校园精神是文化素质教育表现的一种具体形态

校园精神是全体师生员工的精神面貌,它具体体现在学风、教风、机关作风等各个方面,是校园文化的灵魂。良好的校园精神是一种无形的巨大的推动力量,它能催人向善向上、奋发进取、开拓创新。良好的校园精神可以保证校园文化的爱国主义、集体主义的主旋律,还可以培养爱国爱校的家园情感,增强全校师生员工的凝聚力,也可以使学生树立远大理想,强化成才意识。

(二)智能结构是文化素质教育个性的集中体现

智能结构是一个人的知识、能力的综合体,是校园文化建设的重要内容,也是文化素质教育的主要目标之一。知识经济时代对人才的智能要求越来越高,需要学校为社会输送高层次、复合型的人才。在这种形势下,仅靠有限的课堂教学根本不可能适应社会发展的要求,需要通过校园文化来发展学生的智能结构校园文化,它可以扩学生知识面,发展多种能力,也可以提高学生的艺术素养,发展业余爱好。

(三)健全的人格是文化素质教育的综合反映

校园文化建设可以发展师生的自我意识,使他们能够正确认识自己的能力特点,引导他们正确对待自己的长处和短处,树立适合自己理想与奋斗目标,使他们自尊、自信、自爱、自立、自强;它可以增加师生的失败体验和克服困难的经验,让他们学会正确分析失败的原因,学会调节自己的情绪,积极面对挫折,提高自身的心理素质;它可以培养师生勇于负责、热情开朗、敢作敢为、果断机智、遇事沉着、宽容大度、乐观、积极向上等良好的品格。

三、有利于促进德育工作

校园文化是学校德育工作的重要载体,它与学校德育工作紧密相连。一方面,校园文化建设是学校德育工作的有效形式。通过校园文化建设可以把学校的精神文明建设与物质文明建设有机结合起来;另一方面,校园文化建设为学校德育工作提供条件和载体,可以增强德育工作的有效性,为德育工作更好地实现对人的引导和教育提供良好的基础。

(一)拓展德育工作新领域

网络环境下高职校园文化的整体性和层次性具体表现为学校日积月累形成的整体形象和精神风貌通过层次性反映出来,表层是以物质载体表现出来的交往形态,中间层是以各种规章制度表现出来的制度文化,深层是以校园文化氛围和师生员工的精神状态表现出来的观念文化。充分发挥校园文化的整体性和层次性的特点有助于实现高职院校德育工作新领域的拓展。一方面,建设稳定和谐、文化氛围浓厚的校园网络文化可以激发师生的内在情感,产生积极向上的工作、学习热情,唤起学生的进取精神,在空间上使高职院校德育工作和教学生活环境融为一体,形成思想教育与环境熏陶有机结合的全方位的育人环境;另一方面,利用网络资源,能够将教育延伸到课余时间,扩展到家庭和社会,拓展了德育工作的领域、延伸了德育工作的范围,同时也给高职院校的德育工作带来了巨大的活力。

(二)扩大德育工作的覆盖面

网络环境下高职校园文化建设之所以能够引起学生的强烈兴趣,其主要原因有以下几方面:一方面,校园网络文化雅俗共赏、内容丰富、信息量大、新知识多、传递速度快、观念开放、气氛轻松自由,同时以网络为载体开展的校园文化活动交互性强、形式新颖、不受时间和空间的限制。另一方面,在网络环境下,学生可以畅所欲言、敞开心扉。而教师亦可以隐置的身份参与倾听学生内心的声音,感受学生的情感,从而能更深入地了解学生,便于有针对性地对学生加以引导。这种方式有利于学生与教师的平等交流沟通,使思想政治工作成为平等的思想交流活动。此外,网络环境下校园文化用一种特殊的方式把学生、学校和社会联系在一起,使人际心理距离缩到最短程度,各种观点和情感的交流更具有真实性和直接性,受教育的知识面也更具有广泛性。

(三)创新德育工作的形式

网络本身就是学校德育工作的一种新渠道和新手段。思想政治与道德教育是个性特色很强的教育,需要"一把钥匙开一把锁"。网络特有的信息集成性、双向交流和可选择性提供了一个极具个性特色的教育环境,学生可以在不受外界控制下自由发表自己的观点,真正实现畅所欲言。同时,它的隐匿性使教育者能够了解到学生最真实的想法,对于学生在思想、学习和生活中出现的一些问题,在网络上组织讨论会收到良好的效果。

(四)增强德育工作的实效性

在网络环境下,只要德育工作者掌握了网络应用技术,就能找到自己所需的无尽的信息。网络中的信息既有时事性的,又有数据库的,时事性的信息能在事件发生后的极短时间内报道出来,并且这些信息可以长期在网上备查。

网络环境下校园文化实现了学校德育工作的社会化。学生的思想政治教育与德育工作要想达到良好的效果,离不开社会、学校、家庭的共同努力,而网络正好为三者的结合提供了方便。网络环境下校园文化没有地域上的界限,不同地点的学生都可以通过网络共享资源,进行学术探讨和思想交流。并且家长也可随时查询子女在学校的表现,学校也可随时和家长联系,做到家校结合,共同做好学生的思想政治教育工作。思想政治教育网络也可以与政府机关、其他社会团体和企事业单位相连,为社会各界参与学生思想政治教育工作提供方便,并能实现学校德育工作中家庭与社会力量的有机结合,使学校的德育工作取得更好的效果,增强德育工作的实效性。

四、有利于提高学生综合素质

马克思主义关于人的全面发展学说和党的教育方针要求培养人才不能仅仅满足于对其进行科学文化知识和技能、技巧的培养与训练,而应在重视这一方面的同时,对其进行情感的熏陶、思想的引导、性格的培养、意志的锻炼等、即全面提高人才的综合素质,使其成为一个具有完整人格并适应社会发展的人。

(一)有利于学生思想道德素质的提高

在人的综合素质中,思想道德素质是首要的素质。近年来,随着高职院校信息化进程的加快,各高职院校充分利用网络载体开展了丰富多彩的校园文化活动,丰富了校园文化的内容、更新了校园文化的形式、扩大了校园文化的覆盖面。一方面,网络环境下高职校园文化的多元性拓宽了他们的视野,活跃了他们的思想,有利于他们在日益"一体化"的世界中生存;另一方面,"网络环境"下高职校园文化促进了学生的开放意识和民主意识的发展。此外,网络环境下高职校园文化增强了学生的爱国主义意识,网络文化具有跨国性,学生们在各国文化之间的交流中会加深对祖国的了解,增强作为中国人的自豪感。

(二)有利于学生智力开发和科学文化素质的提高

在网络环境下,充分利用网络资源开展如网上知识竞赛、网上科技竞赛、在线科技咨询及专业性的社团等校园网络文化活动,利用网络的特点来扩大学生的信息量,调整了学生的知识结构,激发了学生的兴趣、爱好和旺盛的求知欲。特别是学生在这些活动中既可以得到校内专家学者的指导,又可以通过网络环境得到校外人员的帮助,从而帮助其更快地克服学习上的困难,对提高其学习的积极性大有帮助。大量的学术研讨会、专题报告、讲座、最新科研动向、最新的研究成果和理论前沿思想观念会随着网络环境下的校园文化深入学生心中,对学生具有很大的启发性。

(三)有利于学生创新素质的提高

21世纪是知识经济的时代,创新成为人类最重要的活动,成为人类生存和发展的基本能力。在信息化时代,学生应把学生当成是一种追求创新的意识、积极探究问题的新的取向,善于把握问题的敏锐性,积极改变自己并改变环境的应变能力,而且创新能力更应是一种人格特征,一种精神状态,是智力因素与非智力因素的结合。而网络环境下高职校园文化建设就是一个培养学生创新能力的有效途径和重要环节,因为网络环境下高职校园文化是通过创设一种特殊的和现代化手段的文化环境来实现课堂教学所不能实现的教育目的和教育效果的,它的实现依靠的是寓知识性趣味性于一体的丰富多彩的文化活动来潜移默化地影响学生。

(四)有利于学生个性的发展

现代社会呼唤人的个性发展,信息网络时代更要求人的个性发展,同时这也是学生投身未来经济建设、更好地适应社会的需要。在网络环境下,校园文化的网络化为学生的个性发展提供了舞台。一方面学生可以根据自己的个性特征、兴趣爱好自主选择参与校园文化活动、学生团体或学生组织;另一方面学生可以根据的特长优势,自发组织各种校园文化活动,比如可以开展网上辩论赛、网站(页)设计大赛等各种网上竞赛活动。此外,学生还可以充分利用校园电子公告发表自己就某事的意见或建议,也可以利用网上聊天室与不认识的人讨论某一问题等。

第四节　网络环境下我国高职校园文化建设的对策

网络的出现为校园文化建设提供了便利和挑战,各高职院校也都能够正视社会的发展,顺应时代的需要,充分利用网络为校园文化建设和德育教育服务,如,全面开展思想政治与道德教育进网络工作,在实践中探索并形成了各具特色的工作思路和有效方法,教育与服务相结合,积极营造健康、向上、文明、高雅的校园网络文化氛围,确立先进思想文化的网络主导地位;充分利用校园网络文化的传播具有载体新、容量大、时效快、互动性强等特点,做到以网络为平台,开展丰富多彩的校园文化活动,拓展了校园文化建设的网上阵地;在这一过程中,还可提高校园文化建设主体的网络素质,包括网络意识、网络知识素质以及网络使用能力等。

网络的飞速发展,给高职校园文化建设带来了机遇和挑战并,如何加强高职校园网络文化建设,是高职院校面临的新课题,必须认真加以研究,趋利避害,牢牢把握校园网络文化建设的主动权。

一、加强校园网络文化阵地建设

按照网络时代的要求,充分发挥网络的优势,抢占校园网络文化阵地是当前校园文化建设的一项重要任务。建设校园网络文化要以培育"四有"新人为宗旨,以积极促进学生全面发展为重点,以形成良好校风为目的,全面规划,统筹实施。

(一)把校园网建成有吸引力的、有说服力的、有大面积覆盖率的校园主流网站

要形成校园网络体系,构建独特的数字校园网络文化环境。这个校园网络体系可以包括内网、外网两个部分,学校网、部门网、学生社团和学生个人网页等三个层次。内网可用于校内的管理和服务,外网则面向社会开放,向社会展示学校发展最新情况。要通过相互链接,把三个层次的网站整合在一起,形成一个独特的数字校园网络文化环境。要积极调动广大师生的参与积极性,努力营造健康文明的、富于时代特色且贴近师生生活的网上文化。

（二）把高职院校网上高职图书馆建成网络环境下高职校园文化的前哨阵地

①加强特色数据库建设。高职院校网络文化阵地建设应该以高职图书馆为基地，组织好人力物力，进行联合开发。基于高职院校在社会发展中的地位、功能和作用，加之现在的网络条件，高职院校的网上图书馆应采用适当的方式共享已有的数据产品，不应把主要精力放在对已有信息的重复数字化，而要着重开发出有自己特色的信息产品；②强化对读者的导向意识。作为高职院校主要的信息基地，用大量优质、健康、向上的信息占领网络阵地是高职院校图书馆建设的应尽之义，应该注重对读者的引导，高职院校图书馆建设应该立足网络、面向读者、强化导向意识。

（三）利用网络环境下的现代手段拓展德育工作

要大力开发网络资源，充分利用网络空间开展德育工作，BBS（电子公告板）、E-mail（电子邮件）、QICQ（网络聊天室）这三种网络新兴的沟通与交流方式也是人们在网络环境下开展德育工作的现代方式与途径。这些学生喜闻乐见的沟通方式可以使德育工作者轻松走进学生的内心世界，做他们的贴心人、知心人，全面拓展在网络环境下高职校园文化建设的德育阵地。

（四）利用网络多媒体技术，举办有特色的校园文化活动

以网络为载体，开展的校园文化活动可以集声音、图像于一体，同时在网上开展各种校园文化活动可以不受时间、地点等条件的限制，也可以充分发挥学生的创造力、调动学生的积极性。这种利用多媒体技术开展的活动可以取得传统媒体难以取得的效果。如古诗赏析，配上音乐和精美的图片将会提高艺术感染力，激发学生的爱国热情和生活热情；在网上可以开展各种类型的知识竞赛、科技竞赛、辩论赛等活动，可以在校园营造追求知识、追求真理、积极向上的文化氛围。

二、坚持思想在校园网络文化建设中的引领作用

思想是行动的先导。在网络环境下，加强校园文化建设要坚持以正确的政治思想、道德品质和人生观念为指导，注重构建校园文化精神，同时要将校园文化建设与学校德育工作有机结合起来，用正确的思想引领校园文化建设。

一是要坚持以德育为首的素质教育，着力培养学生的创新精神和实践能力；坚持以科学的理论武装人，以正确的舆论引导人，以高尚的精神塑造人，以优秀的作品鼓舞人。

二是要以先进的文化引导青年，提高青年学生的思想道德素质和科学文化素质。要加强青年学生的思想道德建设，弘扬爱国主义、集体主义、社会主义和艰苦创业的精神，培养青年学生科学的世界观和正确的人生观、价值观，努力把青年塑造成共产主义和社会主义理想信念的弘扬者；要广泛开展科技文化活动，加强马克思主义唯物论和科学精神的教育，努力把青年塑造成科学文化知识和科学精神的广泛传播者；要继承和发扬中华民族优秀的文化传统，吸收和借鉴人类文化的一切优秀成果，努力把青年塑造成健康生活方式的积极倡导者；要带领青年积极投身群众性的精神文明创建活动，培养良好的思想品德、职业道德和社会公德，努力把青年塑造成社会主义道德的自觉实践者。

三是要注重构建高职校园文化精神。高职校园文化精神是指由高职院校师生共同构建的行为方式、价值观念和价值追求中表现出来的某种精神理念。校园文化精神对于高职院校的生存、发展以及校园内的人们的发展具有导向功能激励功能、凝聚功能,认识和探讨高职校园文化精神,既有助于高职校园文化精神的建设和提升,也有助于推进高职校园文化建设。

三、坚持校园网络文化建设的全面共建

高职校园网络文化的核心和实质是人的发展,它以文化为载体,着眼于精神建设,直接服务于人的全面发展,这种内涵决定着高职校园网络文化建设不单是高职院校或高职院校的哪几个部门所能建设好的,它需要社会与学校共同参与,需要学校各部门共同建设。

(一)加强网络硬件环境建设,为校园文化建设提供物质保障

硬件环境是校园文化建设中比较重要的物质载体,要加强校园网络文化建设,就必须加强网络硬件建设,为校园文化建设提供物质保障。还要建设好专题网站,营造校园网络文化氛围。在网络环境下,高职院校必须转变观念,积极开拓校园文化建设的新阵地。要充分运用校园网络系统,开发积极向上、内容健康的集思想性、政治性、教育性、服务性、娱乐性、交互性等特点为一体的综合性主题教育网站,开设学习园地、心理咨询、"两课"教育、党团建设、电子公告(BBS)、时事专题、辅导员信箱等栏目,开展网上主流意识教育,使之成为党建宣传的窗口、理论学习的课堂、师生互动的纽带、学生喜爱的家园。

(二)完善网络监控管理机制,为校园文化建设提供制度保障

在网络环境下必须进一步完善网络管理和监控机制,净化网络环境,为青年学生的成长成才提供良好的舆论环境和文化气氛。首先,应当健全网络立法,依法治网。其次,要加强防火墙建设,从技术上保障网络安全。防火墙技术是近几年发展起来的重要网络安全技术,其主要作用是在网络入口处检查网络信息,根据客户设定的安全规则,在保护内部网络安全的前提一下,保障内外网络畅通。在网络出口处安装防火墙,内部网络与外部网络进行了有效的隔离,所有来自外部网络的访问请求都要通过防火墙的检查,内部网络的安全有了很大的提高;再次,要加强网络道德自律机制建设,有效规范网络行为。必须加强网络的自律机制建设,有效规范网络行为,在依法治网的同时以德治网。为此,要培养师生道德分析能力和道德识别能力,教育师生树立正确的网络道德观念、培养健康的网络道德人格;要把网络伦理作为学校的一门教育课程纳入学校教学计划,使学生将网络伦理和网络技术置于同等重要的地位认真学习并加以遵守。

(三)加强网络监控管理队伍建设,为校园文化建设提供人员保障

加强网络监控管理队伍建设,主要是要提高高职校园文化建设主体的信息素质。所谓的"信息素质"是指人们识别、分辨、处理与运用信息的能力,并直接表现为网络要求校园文化建设主体必须具备的良好的信息素质即广泛的信息知识、敏锐的信息意识、较强的信息能力和崇高的信息道德。同时,要通过培训、实践锻炼等途径,培养一批信息道德素质过硬、具有一定思想政治工作实践经验、有较高的信息驾驭能力和网络沟通能力的网络监管队伍。

四、积极探索网络心理健康教育

积极探索网络心理健康教育可以有效发掘网络对高职学生心理健康和人格培养的有利因素,提高学生心理健康的水平,塑造良好的自我形象,使学生能够充分享受现代科技文明带来的便利和快乐。同时,可以引导学生正确使用网络。

利用校园网开展心理健康教育是当前高职院校加强和改进学生心理健康教育的重要举措。高职院校也应当积极利用校园网阵地开展心理健康教育,主要是要做好以下四件事:一是要充分利用校园网的开放性和信息承载量大的优势,将心理健康的一般知识和学生在不同阶段常见的心理问题、心理障碍的表现特征及其自我诊断方法发布到网络,为广大学生普及心理健康知识,给学生更大的选择余地,随时为存在心理困扰、心理障碍的学生提供帮助,实施有效干预;二是校园网要提供的心理健康测评系统,方便广大学生进行心理测评,鉴别自己是否健康,帮助学生科学地评价自己的能力发展状况,更加全面准确地了解自己;三是要根据需要设计一些心理健康调查问卷,在校园网上开展心理健康普查,通过校园网络渠道及时了解学生心理健康状况,为提高学生心理健康教育针对性和实效性奠定基础。四是要开展网络心理辅导和网络心理咨询,由心理咨询中心的教师负责个别解释和诊断学生的心理问题,并提出建议,解决学生的心理问题。

根据网络心理辅导和网络心理咨询的隐蔽性特征,所有参加心理咨询服务的教师要充分运用网络交流的个人匿名、保护隐私的特点,消除来访者在面对咨询时产生各种顾虑,来访者不必再为怕别人说自己心理有问题而却步,更不必为诸如性心理问题或感情隐私问题而难为情。这样就能以一当十,提高咨询效率,为更多的咨询对象提供服务,从更宽的层面上了解和把握学生的心理状况。

五、创新校园网络文化活动

(一)要创新内容

要突破传统,反映时代气息。要注重"阵地"建设,发挥立体网络宣传导向作用,例如,把第一课堂的教学与校园网络文化活动有机地结合起来,真正做到相互渗透、相互补充,共同完善;用高职图书馆指导开展网上读书活动,引导青年学生立志成才,实现理想;利用网络直播大型文艺晚会、田径运动会等活动;在校运会直播活动中播发数码图片及文字报道;举办网上党的知识竞赛,从各院系选拔选手参加,进行一些别开生面的党史学习教育;举办"网络世界的德与法"大讨论活动,倡导学生遵守网络道德;举办"网页设计大赛"利用科技文化节、宿舍文化节举办网络知识大赛等活动。这些丰富多彩、形式多样的校园网络文化活动不仅开阔了学生的视野,更是有助于学生人格的升华和能力的提高。

(二)建立网络社团并引导他们发挥积极的作用

目前,高职院校学生各级各类社团活动较多而且活动内容丰富多彩,在促进校园文化建设和思想政治教育工作中发挥了重要作用。校园网络文化既然成为一种趋势,并包容和吸引了各个专业的内容与学生,有组织有计划地建立和引导网络社团就显得很有必要。通过学生干部和社团骨干发挥积极作用,举办知识竞赛、演讲赛、辩论赛人文社科讲座、科技作品大赛和科技成果展等活动,把校园文化建设与学生的常规管理、人文素质和科研能力的提高结合起来。

(三)开展网络科技创新活动

结合全国"挑战杯"竞赛活动数学建模竞赛活动、电子设计大赛等学生课外学术科技活动以及结合高职院校的专业特点,开展网络科技创新活动(电脑网络大赛、网页设计大赛等),在学生科技创新协会的指导下,形成良好的科技创新氛围,开展丰富多彩的校园文化活动,培养学生的创新精神和创新能力。

第六章

高职院校和谐校园建设与教育策略

第一节 高职院校和谐校园文化建设

和谐的高职院校校园文化可以为和谐社会建设提供强大的科技知识支撑和文化精神动力,为和谐社会提供了更为公平的教育,同时和谐校园又为和谐社会培养了和谐发展的社会主义建设者和接班人,在构建社会主义和谐社会中发挥着独特的作用,因此构建和谐校园是建设和谐社会的迫切需要。

一、高职院校和谐校园文化的内涵及建设意义

(一)高职院校和谐校园文化的内涵

高职院校和谐校园文化是和谐社会文化的重要组成部分,是在学校教育环境下,在培养人才和不断完善自身的实践过程中形成的有本校特征的物质财富和精神财富的总和。它以师生为主体、以课内外活动为载体、以校园为主要活动空间、以校园精神为主要特征。它是时代精神在学校的反映,是办学理念、办学指导思想在长期的教育教学管理过程中形成的集体意识,它对学校师生的思想观念、道德品质、心理人格、生活方式、行为习惯等诸多方面产生直接或间接的影响。

高职校园文化从广义来讲是指在高职校园这一特定环境内聚集的物质财富和精神财富的总和。狭义地说,高职校园文化是高职院校对社会文化反复选择、提炼后加以吸收和统合,并融合了科学人文精神和个性特色的一种特殊的文化结构,是高职院校内在本质的集中表现和生存方式,是高职院校特有的精神环境和文化氛围,是高职院校办学理念、办学目标、办学传统以及校风校貌的综合体现。

高职院校和谐校园文化的内涵可从以下五个层面来理解。

1. 精神文化

精神文化是由校园文化创设的思想与心理氛围,包括办学方向、办学理念、办学指思想、价值取向、思维方式、团体意识、人际关系和艺术情趣等因素,体现了优良的校风、严谨的教风、浓厚的学风和文明的班风,是深层次的群体意识,又是群体的向心力和凝聚力和学校的政治方向,是校园文化的灵魂。

2. 制度文化

制度文化是指高职院在其发展过程中形成的特有的管理思想和观念以及在这种观念下制定的具体的管理体制、管理模式及规章制度的综合体。它对规范校园内的各项活动、规范师生的言行起到必要的导向和约束作用,它是联系物质文化与精神文化的纽带,是校园文化的生命力所在。

3. 物质文化

物质文化是由校园文化的物质条件构成的自然景观、建筑风格、校容校貌、基础设施、活

动中心等,它是学院有形文化的重要组成部分。它是学校校容校貌、教学设施及校园环境的美化、绿化、净化等有形的部分,是校园精神文化与制度文化的外化形态,通过其外在可以彰显一个学校的文化特征,是校园文化的载体。

4. 课程文化

课程文化是指按照社会对学生获得社会生存能力的要求而形成的一种课程观念和课程活动形态。高职校园课程文化集中表现为科学与人文、理论和实践相结合的课程文化观和课程活动观,并在课程目标、课程内容和课程实施三个层面上展示其主要内涵及特点。

5. 文化活动平台建设

文化活动平台建设高职校园文化活动应更多地体现职业认知、职业情感、职业道德和职业技能等职业文化,更好地实现与企业文化的互动与对接。上述几个层次的校园文化并不相互孤立的,而是相互依赖、相互补充的。高职院校和谐校园文化对学院的人才培养、科学发展、社会服务都起到重要作用,更牵动着学院自身的改革、发展与稳定。从教育部在高职院校开展的五年一轮的评估工作来看,合格学校主要看条件建设,良好学校主要看制度或机制建设,优秀学校主要看文化建设,可见文化建设在高职院校和谐校园建设中地位之重。

(二)高职院校和谐校园文化建设的功能

高等职业教育是高等教育体系的一个重要组成部分,属于职业技术教育的类型,主要实施实际的、技术的、职业性的教育。高职院校和谐校园文化是一种特定的文化环境,在培养人才的过程中具有教育、社会、管理、示范、导向、凝聚、激励等多方面的功能。

1. 教育功能

高职院校和谐校园文化的教育功能主要表现在耳濡目染、潜移默化,具体体现为思想行为的引导作用、培养学生优良的个性和创造精神、培养学生的主体精神和自我发展能力、优化学生的知识结构,更好地促进个体社会化等诸多方面。校园文化的育人功能是多方面的,关系到学生的思想道德、科学文化、身体心理的各种素质的培养。

大学校园文化以其所蕴涵的精神作为育人的场所和培养人的摇篮,让每一个学生的人格日复一日、年复一年地在美好的校园文化氛围中得到充分的陶冶,精神世界受到潜移默化的影响,思想境界不断升华,从而实现校园个体与社会环境之间的平衡和协调。

2. 社会功能

高职院校和谐校园文化的社会功能主要体现在社会控制功能和社会辐射功能,既受社会文化的影响,又对社会文化起示范和导航作用。职业教育是现代教育的重要组成部分,是工业化和生产化、社会化、现代化的重要支柱,各级政府一定要高度重视统筹规划,形成全社会兴办多形式、多层次职业教育的局面。

高职院校要培养出直接面向社会、有一技之长的高素质、应用型人才。为完成这一使命,高职院校必须积极倡导积极进取、开拓创新,努力构建和塑造一种适应社会主义市场经济发展的高职院校和谐校园文化。

3. 管理功能

高职院校和谐校园文化的管理功能在整个学校发挥着重要的作用且独具优势,它主要具有激励凝聚、规范约束和评价指导三方面的功能。其中评价指导功能解决的是一个方向问题,规范约束功能大多能收到制度或权力本身所难以相媲美的效果,人们认为这是由于校园文化会形成一个较强的文化氛围,这一文化氛围包含自身所倡导的理想追求和价值取向,这对师生来说是一种潜在的心理压力和动力,客观上能起到规范和约束的作用;激励功能则要求各高职院校设置适当的追求目标、合理满足校园文化主体的需要,同时,能适时激发动机。

4. 示范功能

高职院校和谐校园文化的示范功能是指校园文化的主体中的优秀人物对其他人起到的示范作用。校园文化建设者在营造一个健康向上的既会做人又会做事的环境,而在做人与做事的过程中,教师对学生的影响最大,是学生主要的模仿对象。教师的政治思想、道德品质、文明修养、治学态度生活方式以及人生观、价值观都会对学生产生潜移默化的影响,好的榜样是某种思想品德的具体体现,具有生动、鲜明的形象示范作用。使人们对行为准则、道德规范易于理解,便于学习,使人们受到感染的激励,因而具有强烈的教育示范作用。此外,校园中的字画、雕塑、纪念碑亭、历史名人塑像等人文景观也都对生活于其中的教师和学生产生潜移默化的教育示范作用。

5. 导向功能

高职院校和谐校园文化的内容和形式以及所形成的文化氛围深刻地影响着学生的生活方式和思想行为。校园文化是一种客观实际的环境力量,起着制约和规范人们行为的作用,所以,人们一旦形成意识,就会变成一股巨大的导向力量。尤其对青年学生来讲,他们的世界观、人生观、价值观、审美观都还处在不成熟的阶段,特别需要正确的引导。校园文化的导向作用主要通过两个渠道来实现,一是党的路线、方针、政策对师生的指导作用;二是通过世界观、价值观、道德观等表现出来的文化导向。

6. 凝聚功能

高职院校和谐校园文化的凝聚功能主要体现在校园精神文化上。校园文化建设的一个重要的目标就是形成一种内求团结、外求发展的精神风貌。良好的校园文化环境与氛围使人感到心情舒畅。同学之间互相鼓励、互相关怀;师生之间学生尊敬师长、教师爱护学生。这种和谐的校园文化氛围使人心情舒畅,让人产生一股催人向上、令人振奋的精神力量。这种共识和追求有利于形成校园主体共同拥有的责任意识、集体意识,增强校园的凝聚力。

7. 激励功能

高职院校和谐校园文化的核心是要创造出共同的价值观念,一所好的学校是以创造社会的优秀的共同价值观念作为校园文化的最高境界的,是最能体现学校风格和特征的意识形态,它反映着教职工和学生的共同心声,对还处于成长期的青年学生十分必要。优秀的校园文化能产生一种激励机制,使每个为集体作出贡献的成员都能得到奖励。因此,校园文化很重要的任务就是唤起广大学生的成才欲望,促使他们自觉努力。和谐的校园文化使学校学生精神振奋、朝气蓬勃,能够激发学生的积极性和创造性,从而将学生的被动学习转化为自觉的行为,形成一种你追我赶的激励环境和激励机制。

(三)高职院校和谐校园文化建设的意义

"和谐社会"是几千年来人类孜孜以求的社会理想和价值追求,从中国古代的大同社会,到近代的太平盛世;从古希腊柏拉图的理想国,到近代魏特琳的和谐共享制度,都反映了人类对和谐社会的向往和追求。结合当前全国高职院校的发展态势,以科学发展观统揽高职院校发展全局,自觉贯穿于各项工作之中,促进高职院校全面、协调、可持续发展,为促进我国教育事业持续协调健康发展作出应有的贡献。

和谐校园是和谐社会的重要子系统,只有和谐的校园才能造就出社会需要的各种和谐发展的人,从而促进整个社会的和谐发展。高职院校和谐校园文化对于确立学校各子系统、各要素全面、协调、自由、充分发展和良性互动、整体优化的教育理念具有十分重要的现实意义。

主要表现为以下几个方面。

1. 构建高职院校和谐校园文化是全面建设和谐社会的必然要求

和谐高职院校是社会主义和谐社会的重要组成部分,在构建民主法治、公平正义、诚信友爱、充满活力、安定有序、全面协调、人与自然和谐相处的和谐社会过程中,应该率先垂范。只有实现了学校的和谐发展,高职院校才能发挥好高职教育在社会主义现代化建设中的作用。

2. 构建高职院校和谐校园文化是落实以人为本的科学发展观的内在要求

以人为本作为高职教育科学发展观的价值内核,贯穿高职教育的方方面面。以人为本体现在师资队伍建设上,就是要尊重人才、关心人才、聚焦人才,发挥人才作用;以人为本落实在学生教育管理上,就是要以学生作为教育服务的中心,为学生构筑一个功能完善的教育服务体系;以人为本贯穿在校园文化建设中,就要营造自然环境和人文环境相和谐的文化氛围,发挥校园和谐发展的教育功能,实现高职院校办学的指导思想和基本理念。

3. 构建高职院校和谐校园文化是深化高教改革,优化育人环境的需要

建设各具特色的校园物质文化、校园制度文化、校园精神文化、校园课程文化、校园文化活动平台是丰富学校教育活动的主要内容。和谐的校园文化是以文化形态参与的非强制性教育手段,其特点是通过创造一种教育的环境,影响教育的效果,以不知不觉、潜移默化的情感陶冶、思想感化、行为养成的方式达到教育的目的。所以它容易促成良好的师生互动的教学环境,以人为本的服务环境和激励向上的实践环境,从而形成良性循环的育人环境。

4. 构建高职院校和谐校园文化是形成民主和谐的学术氛围的需要

和谐的校园文化有利于形成自由的学术氛围。学术自由是高职院校精神的真谛,要形成一种不同学派、不同观点自由争论的气氛,从而促进学术的创新和争鸣。师生可以平等交流,年轻人敢于冒尖,个性得以充分发展,而良好的学术环境对培养创造性具有十分重要的作用。

5.构建高职院校和谐校园文化是学生成才和素质全面提高的需要

"牢固树立育人为本,德育为先的思想观念,坚持全员育人,全过程育人,全方位育人"是构建和谐校园的根本要求。和谐的校园文化通过文化的熏陶作用,以润物细无声的方式促使学生作出正确的判断和选择。建设清新雅致的校园、团结向上的校风和求真务实的学风,建设优良的教学秩序、生活秩序,对身临其境的教职员工有种无形的感染力、约束力、促动力。开展多学科、多层次、多内容的校园文化活动,不仅有利于拓宽学生的知识面,改善知识结构,而且有利于培养学生参与意识、竞争意识和成才意识,不仅有利于培养学生的思维表达能力,交际协调能力,组织管理能力,而且有利于促进学生个性发展,增强学生自信心、自尊心和社会责任感、历史使命感,促进学生素质的全面提高。加强高职院校和谐校园文化建设,对形成高职院校和谐校园文化的新格局,促进大学生全面、健康、和谐发展具有重大意义。

二、高职院校和谐校园文化建设目标要求及主要内容

(一)高职院校和谐校园文化建设的总体目标

高职院校的办学特色是强校之本,基于校企对接的高职院校和谐校园文化建设,必须以校企精神文化对接为重点,以校企制度文化对接为抓手,以校企物质文化对接为基础,以校企课程文化对接为亮点,以校企文化活动对接为平台,通过校企文化的对接与共融,努力创建职教特色鲜明的高职院校和谐校园文化。主要体现在以下几个方面。

1.创建校企对接的和谐校园精神文化

在院校精神、办学理念、校训、校风、教风、学风、校徽、校歌等方面,融合和体现企业精神文化的元素和精髓。

2.创建校企对接的和谐校园制度文化

积极吸收现代企业先进管理理念的合理内核,努力构建具有高职特色的"企业化"的管理制度和运行机制,要充分体现办学理念,坚持以人为本。

3.创建校企对接的和谐校园物质文化

在基础设施特别是教学实训设施或基地建设方面,要积极创造条件实行校企共建的模式,不断实现校企双方共享、共赢的目标;在教学实训基地、实验实训设施的结构和功能上,应体现企业岗位实际工作流程和高技能人才培养的要求,积极营造仿真(真实)的职业环境。

4.创建校企对接的和谐校园课程文化

通过校企合作平台,整合校企双方资源,组织企业现场专家、课程开发专家、学校教学专家和职教研究专家等,根据各专业课程对应的职业岗位作业流程,对课程目标、结构、内容、

方法手段、教学资源和考核评价方式进行不断优化和持续改进。

5.创建校企对接的和谐校园文化活动平台

为校企文化对接和融合提供多样化的渠道和载体。

(二)高职院校和谐校园文化建设的指导思想和原则

1.高职院校和谐校园文化建设的指导思想

基于校企对接的高职院校和谐校园文化建设,要坚持以马列主义为指导,坚持贯彻落实科学发展观,坚持社会主义先进文化的发展方向,遵循文化发展规律,以科学文化素质教育为基础,以综合职业能力培养为主旨,以培养人文修养为底蕴,以建设优良校风、教风和学风为核心,以优化校园文化环境为重点,以树立正确的世界观、人生观、价值观为导向,弘扬主旋律,突出高品位,重在建设、加强管理、和谐发展、彰显特色,不断满足高职生日益增长的文化需求。目前党和国家努力推动社会主义文化大发展大繁荣、积极构建和谐社会的喜人形势,也给高职院校校园文化建设提出了更新更高的要求。通过实施高职院校和谐校园文化建设,进一步创新校园文化内涵,创建校园文化精品,提升高职院校和谐校园文化品位,促进学生全面发展,为提高学生综合素质创造良好的教育环境和文化氛围。同时,要充分吸收现代企业文化的先进理念与思想精华,丰富校园文化内涵,努力使高职院校成为区域内社会主义先进文化的重要基地、示范区和辐射源。

2.高职院校和谐校园文化建设原则

高职院校属于高等院校,其校园文化自然应该具有普通高校校园文化的内涵和共性;高职院校是职业教育的高层次,其定位是培养面向生产、建设、服务和管理第一线所需要的高等技能型人才。因此,其校园文化建设应具有自身的鲜明特色,应按照高职教育的特点和规律,按照高职教育的办学理念和理想追求,尽可能突出"职"的特点,融进更多职业特征、职业技能、职业道德、职业理想、职业态度、职业价值观以及职业人文素质。在具体建设上要求学校要根据企业对人才的需求,将职业特征、职业技能、职业道德、职业价值观及企业家精神引入校园。具体有以下几个方面。

(1)按照职业要求建设好校园的物质文化

职业教育设施建设应放在校园文化建设的突出位置。高职院校不一定有雄伟气派的教学楼、体育馆,但必须要有科学先进的实验楼、实训楼;必须有一流的专业实验实训室。高职院校学生的核心竞争力主要体现在职业实践水平和动手能力上,因此,体现职业教育的实践性教学环节的设施建设应该摆在首要和突出的位置。高职院校应尽可能将教学环境设计为教学工厂模式,建立理论与实践一体化教学的专业教室,融教室、实训、实验、技术服务与生产为一体,使专业教室具有多媒体教学、实物展示、演练实训、实验、技能考核训练等多种功能,营造出良好的职业氛围。

教学环境建设融入职业因素,高职院校教学环境布置,除有名人画像、格言警句外,还应有市场人才需求信息、行业与专业的发展趋势、业内成功人士的资料等与职业相关的因素,让学生从行业日新月异的变化中体味职业感受和专业思想,提高学习动力。校园内的楼、路、灯、教室、实训基地、设备仪器、广场等都可以人名、企业来命名。校园内还应增加名人石雕、刻着带有文化意义的文字等,集中反映建校以来对学校有贡献的名人、优秀校友、优秀合作企业家或有过重要贡献的人,每项物质文化都应该按"艺术"精品的标准来建设。还有校徽、校标、校歌、信封、文稿纸、提袋、校报、画册、学报、教材、光盘、校园网、宣传栏、指示牌、学校产业的产品标识、交通与实训工具上的标识等都应印有无声的职业文化,都应力求精致、美观、有品位。

(2)按照高职特点和规律创新校园制度文化

制度文化是精神文化的载体,人们言行举止、交往互动的准则系统,它实际上充当了个体、群体和社会存在的一种内在凝聚力。它包括各种规章制度、道德规范、行为规范、工作守则等,并对规范校园内的各项活动、规范师生的言行起到必要的导向和约束作用,是维持学校正常教学、生活、工作秩序健康稳定发展的保证。

①构建管理制度文化的理念

依章治校、依规治教、有章可循、有规必遵,这必须成为师生员工共同遵守的信条。学校必须对办学宗旨、办学理念办学性质、办学任务、管理理念、管理体制、管理机构、管理形式、奖惩等方面做出科学的规范,以制度的形式明确规定下来,并为全体成员所认定。

②以人为本

制订学校规章制度时一定要注意原则性与灵活性的和谐统一。以学生发展为本,以教师发展为本,以调动人的积极性为本,让师生真正成为学校的主人,对学校产生归依感、认同感,与学校共荣辱同发展。

③有创举

既要保持制度的连续性,又要注意制度改革的创新性。要充分发动和依靠广大师生员工,让"优秀成为习惯、把高尚作为追求"渐渐走进学校管理制度文化中,在教学制度建设上导入 ISO9001 质量管理体系的理念和管理思路,根据教学工作的特点和要求,充分调动教与学两方面的积极性,充分挖掘教与学两个主体的潜能,编制符合高职教学特点和实际的教学质量管理手册,在高职教师应具备怎样的师德,应遵循怎样的教学规范,应培育什么样的人,应怎样培养人,应如何评价教学工作等方面,创设出比较科学的有关教学层面的制度文化,形成教学质量管理体系文件,从招生、培养、实践、就业等各个环节上优化管理程序,完善教学管理过程,全面提高教学质量。只有让企业参与学校育人的全过程,才能培养出企业需要的高技能人才,才能增强服务区域经济的能力。保证产学研一体化、校企合作、专业建设顾问委员会、订单培养、社会调查、毕业生跟踪调查等有关方面机制的科学建立与运行;健全实训基地的工作管理制度,完善校内外实训基地的运行机制,在满足合作企业和人才培养需求的基础上,实现校企互惠双赢。

(3)按照鲜明的办学特色建设校园精神文化

精神文化包括办学理念、学院精神、校训、校风、教风、学风、校徽、校歌等。办学理念是高职校园文化建设中统揽全局的根本指导思想,而学院精神是对办学理念的进一步升华,它们与校训、校风、教风、学风等一样,都是师生员工经过长期努力积淀而成的相对稳定的理想、信念、道德、情操与追求。校徽是一个学校的象征,也是学校办学理念、办学特色、人文精神的集中体现。校歌是学校的重要文化标志,是学校精神文化的重要组成部分,它对于弘扬学校精神、凝聚师生力量有不可替代的作用。在建设精神文化时,一定要遵循"以人为本,重在塑造"的教育性原则,"立足现实,着眼特色"的职业性原则,"勇于创新,鼓舞人心"的开拓性原则,"朴实无华,朗朗上口"的质朴性原则。同时,要以优良的校风、严谨的教风、浓厚的学风、文明的班风来诠释校园精神文化建设的内涵,体现学校的精神。同时,构筑特色鲜明的院系文化,不同的院系文化构成了丰富多彩、各具特色的校园文化。各院系要在学校文化建设规划的统一要求下,本着与学院文化协调发展、突出特色的原则建设和发展各自的院系文化,并逐步形成自己鲜明的特色。各院系要突出自己的形象文化建设,加强教学、科研、实验室建设以及各种活动和一些重大成果的宣传报道,建立院系形象展示窗,制作本院系介绍材料,力争办出院系文化精品,形成具有不同专业特色的学术文化、科技文化、教师文化和学生文化等。

(三)高职院校和谐文化建设的主要内容

1. 精神文化建设

高职院校和谐精神文化建设是学校最为核心和高度抽象的价值追求和品格特征,本质上是学校的办学理念、育人方针、学术追求、管理模式的哲学抽象,是对学校文化意识形态的整合、凝练和升华,是学校之魂。包括院校精神、办学理念、校训、校风、教风、学风、校徽、校歌等。

一要使学院精神、办学理念、校训、校风、教风、学风、校徽、校歌等融合和体现企业精神文化的元素和精髓。

二要加强与企业和市场的衔接,借鉴和吸纳包括企业价值观、企业精神、战略目标、经营理念的企业精神文化,如质量意识、市场意识、品牌意识、服务意识、诚信意识、创新意识、团队意识等。

三要努力构建企业化的校园文化的理念,以为企业培养大量高技能人才为办学目标,以为企业服务的质量作为基本的价值标准,实施像企业那样严格、规范、标准的管理,不断营造企业化的校园文化氛围。

四要将企业文化教育纳入高职教育的整体规划,使企业文化成为每位高职学生素质结构的一部分,从而对企业产生积极的认同意识。

五要开设《现代企业文化》等课程,开展企业文化调查和企业文化内容展示,邀请企业精英来校举办讲座,组织实训实习,开展丰富多彩的校园文化活动等,传播和实践企业文化。

2. 制度文化建设

高职院校和谐制度文化建设属于校园文化建设中的机制建设,它是维系学校正常秩序必不可少的保障机制,具有导向、约束和规范作用。高职院校在内部管理体制和运行机制上,应注重汲取企业先进的管理经验和文化内容,强化诸如诚实守信、遵法守纪、爱岗敬业、团结合作等与企业文化有密切关联的教育内容,使高职院校的师生基本具备与企业员工相同的行为规范。

3. 物质文化建设

高职院校和谐物质文化是校园文化建设的基础载体,在物质文化建设上应突出职教特点,呈现出鲜明的企业文化色彩。

①在基础设施特别是教学实训设施或基地建设方面,要积极创造条件实行校企共建的模式,不断实现校企双方共享、共赢的目标。

②在教学实训基地、实验实训室等设施的结构和功能上,应体现企业岗位实际工作流程和高技能人才培养的要求,积极营造仿真(真实)的职业环境。

③在学校主体建筑物上镶嵌突出职业特征的校魂、校风、校训,在校门口建起富有职业感召力的大型壁画和雕塑,在校园内树立有关职业及创造的名言牌,在校园道路两侧设置鼓励学生创新言行的路灯、灯箱,在校园醒目处悬挂国内外著名企业家画像,在教室里张贴著名企业家的经典言论,在橱窗中展示学校创业成功的校友像。

④以合作企业或对学校有贡献的名人、优秀合作企业家、优秀校友的名字,为校园内的楼、路、灯、教室、实训基地、设备仪器、广场等命名。

⑤将教学环境设计为教学工厂模式,建立理论与实践一体化教学的专业教室,融教室、实训、实验、考工、技术服务与生产为一体,使专业教室具有多媒体教学。

4. 课程文化建设

高职院校和谐课程文化是指按照社会对学生获得社会生存能力的要求而形成的一种课程观念和课程活动形态。高职院校校园课程文化集中表现为科学与人文、理论和实践相结合的课程文化观和课程活动观,并在课程目标、课程内容和课程实施三个层面上展示其主要内涵及特点。

①在高职校园课程文化建设上,应坚持"三个零距离"(专业设置和课程开发与企业和社会零距离配合、教学内容与职业需求零距离贴近、实践教学与职业岗位零距离接触)的课程改革思路,使学校专业设置和课程开发、教学内容与教学方法等诸方面反映出企业和社会需求的脉搏。

②通过校企合作平台,整合校企双方资源,在广泛的社会调查和人才需求预测基础上,根据各专业课程对应的职业岗位作业流程,由专业建设指导委员会及相关行业、企业的专家共同参与,根据行业企业提出的岗位培养目标,设置专业和培训项目,搞好课程开发,按照行业企业的要求组织教学活动,并参与企事业单位新技术、新产品的开发等,为企业提供职工培训、技术咨询等服务。

③通过校企双方,对课程目标、结构、内容、方法手段、教学资源和考核评价方式进行不断优化和持续改进。

5. 文化活动平台建设

高职院校和谐校园文化活动应更多地体现职业认知、职业情感、职业道德和职业技能等职业文化,更好地实现与企业文化的互动与对接。

①将学生课外文化活动与企业职工的文化活动结合起来,采用"请进来"的方式,与大型

企业开展合作,举办校企联谊活动。由学院提供活动场地,企业提供活动经费,双方共同排演文艺节目,使在校学生与企业员工交上朋友,拉近校园文化与企业文化之间的距离。

②有意识地将企业文化融合渗透到学生课外活动中,如举办职业生涯设计大赛,开展野外拓展训练,播放描写公司发展、反映企业成长、体现企业文化的影视片,在演讲比赛、辩论赛或文艺演出中融入企业文化的相关内容等,使学生潜移默化地了解和接受企业文化。

③举办"企业杯"学生科技活动和专业技能竞赛,将创新意识、科技意识、市场意识等企业文化内涵有效融入学生生活中。由企业冠名并提供比赛经费,由企业委派技术人员担任指导教师和评委,设计作品则由企业优先采用,使学生的设计活动与企业和市场更为贴近,同时也为企业挑选优秀毕业生创造机会,提供平台。

④经常举办企业家报告会。经常聘请在国内外有较高知名度的企业负责人来校为学生作专题报告,让将要走向社会和企业的学生了解企业的需要,尽早为就业做好心理和技能方面的准备。

此外,高职院校校园文化应采用必修课程与选修课程、课内课程与课外隐性课程、大型活动与小型讲座、思想政治教育与校园文化、文化活动与科学研究以及"走出去"与"请进来"等相结合的方式,做到人人参与,使寓教于乐的高品位的校园文化活动全方位渗透,如针对校风、学风及考风问题,除开设德育、法纪课外,还可通过演讲、相声、话剧等自编、自导、自演,使大家从这种融思想性、知识性、教育性、趣味性、艺术性和娱乐性于一体的隐形课进一步提高综合素质和综合能力。

三、创新高职院校和谐校园文化建设的基本途径

通过对一些高职院校校园文化建设中存在问题的分析,在把握高职院校校园文化建设的原则下,大力加强高职院校和谐校园文化建设,创造出具有文化品位、独立品格和价值追求,理论实践相辅相成的高职院校和谐校园文化,为培养高素质技能型人才创造良好环境。

(一)引入企业文化,丰富校园文化内涵

引入企业文化,使其成为高职院校和谐校园文化的重要组成部分,成为高职院校和谐校园文化的一个特色。

1.创新人才培养模式

采用"职业活动导向"的教学方法和"基于工作过程"的课程体系和教学内容,在实践性、开放性、职业性很强的仿真和生产性的教学情境中逐步渗透企业文化。基于"学习的内容是工作,工作的内容是学习"的教学理念,以职业活动为导向,做到课程标准与职业资格标准的接轨,实现课程标准与学生职业生涯发展的协调;将企业实际的生产过程或项目活动与教学内容挂钩,通过师生共同实施一个完整的企业"项目"开展教学活动,这是实现校企文化对接的根本保障。

2.利用各种机会阐释企业文化

通过到企业实习、实训的机会把握理解企业文化;邀请企业文化工作者到学校进行专题讲座,通过企业的厂景、厂貌、文化宣传、企业发展和行业发展的现状等介绍,与企业文化进

行零距离接触;将某一企业的文化作为专题在校内进行展示或将几个或多个企业的文化成果进行综合展示,实实在在地把企业文化引入校园。企业文化与校园文化两种文化相互渗透、相互参与、彼此借鉴,共同发展成为一个相互包容的和谐整体。

3. 产学合作实现校园文化与企业文化的融合

一是通过建立校企合作长效机制,定期聘请企业一线技术人员讲授专业知识,使学生加深了解所学专业的工作性质、工作过程和技能要求,并使学生经过实训,掌握必需的基本操作技术,获得初步的实际工作能力,为专业课教学和毕业实习、就业打下良好的基础。二是通过安排专业教师下企业挂职锻炼,使教师更深地了解一线岗位的技能要求,增强自身的实践能力,在教学中更好地实现理论与实践的结合。三是通过为企业培训员工,参与企业技改项目,解决生产实践中的问题,促进教师科研水平的提高,更深地理解企业文化的内涵。

4. 进一步丰富校园文化活动

校园的各种文化活动是校园行为文化的重要组成部分,是学校除了正常教学之外的"第二课堂",开展各种积极向上的校园文化活动,既可以使学生养成良好的行为习惯,又可以繁荣校园文化。在校园文化活动中,具体要做到以下几个方面。

(1)加强对校园文化活动的正确引导

大学校园文化活动要以社会主义核心价值体系为导向,以社会主义荣辱观为基础,充分发挥校园文化活动的育人功能。在对校园文化活动的引导过程中,坚持破中有立、立中有破的原则,用积极健康的思想去引领校园文化的发展方向,切实加强管理、统一思想、促进校园文化活动的繁荣、确保校园文化活动顺利开展和进行。

(2)提高校园文化活动组织者的素质

校园文化活动组织者的素质直接决定大学校园文化活动的生命力,决定校园文化活动育人功能的实现程度。所以,要努力提高思想政治工作者自身的素质,培养学生骨干,锻炼一支强有力的队伍为大学校园文化活动提供支持,要努力使他们适应经济发展的需要,具备高尚的思想品质、先进的活动知识、良好的活动组织能力,以保障校园文化活动蓬勃的生命力。

(3)丰富校园文化活动的内容

①办好各种竞赛活动,创造和谐的竞争机制

当前的时代是一个充满竞争与挑战的时代,大学生能否更好地实现自我价值在于对竞争的态度和适应性,因此,要培养他们敢于竞争、善于合作的能力。通过开展大学生运动会、大学生文化艺术节、大学生辩论赛等竞赛活动,可以促进学生的个性发展,激发学生的业余兴趣和爱好,增强学生的团队合作精神和竞争意识,从而为将来走向社会打下良好的基础。

②加强学生社团建设,开展丰富多彩的社团活动

校园里的社团是学生课余时间切磋技艺、探讨学问、共同提高的重要空间,是校园文化现象的重要组成部分,是校园文化的有效载体。一方面,由于这种团体的兴趣指向性,使它更具有凝聚力;另一方面,社团是课堂教学有效的补充,可以融洽校园的学习气氛,增强学生学习的积极性和主动性。

③积极组织各种公益活动,促进学生对社会的关心

大学教育的根本目的是培养社会主义的合格建设者,合格的建设者首先应该关心他人、关心社会。学校应该多组织学生参加一些公益活动,培养他们吃苦耐劳的精神和艰苦朴素的作风。在公益活动中,学生可以走出校门,深入群众,既锻炼才干,增长见识,又可以提高认识,"家事、国事、天下事,事事关心"。总之,唯有处理好校园文化层次结构中各要素之间的关系以及校园文化与其他相关因素的关系,校园文化这个系统才能达到动态的平衡状态才能和谐。以这个达到和谐的系统来带动其他系统,进而使整个高等教育系统达到和谐,进入稳定的可持续发展状态。

(二)建立高职院校实训文化

1. 实训文化的内涵

在高职教育过程中,课堂教学活动依然是最基本的校园文化,它对发展学生的智力是不可缺少的。同时,高职教育也十分重视实习、实训等实践教学环节,并将其视为完成高职培养目标、培养高等应用型专业人才的关键途径。所谓实训是指让学生在真实或仿真的环境中进行掌握某种技术或技能的训练活动,为了适应培养实践能力的需要,高职院校也普遍认识到实训在培养职业能力和职业素质方面的特别作用。由于实训活动在运行形式上强调工位性,在运作上讲求职业性,在教学上强调可控性,因此它不同于一般的实验教学和原生态的校外见习或生产实习,它是为了培养学生的实践能力,因此更注重培养学生的职业实践能力,也更注重实训。强化实训理念与加强实训制度建设,可以说是高职院校特有的一种校园文化。这种文化也可以说是高职院校的实训文化。

在高职院校中,实训文化的主要理论载体是实训计划,该计划规定了基本职业技能训练、项目设计和毕业设计等教学活动的内容与要求。基本技能训练是指学生在教师指导下掌握胜任职业岗位的基本能力所必需的基本经验技术和动作技能的活动,基本技能是高职院校学生完成综合技能训练如项目设计、毕业设计和从事专业工作所必需的基础性技能。在高职院校中,基本技能训练的具体内容因专业不同而有所差别。

2. 建立高职实训文化的功能

高职院校加强实训文化建设,首要的功能为培养技术应用型人才提供文化支持。让高职学生掌握实用的技术,具有解决生产第一线问题的能力,必须有良好的实训环境和条件。让学生到社会上去进行原生态的生产实习,固然也具有实训的功能,但是安排学生在经过建设的实训基地进行有计划、能控制和有指导的实训活动,更能发挥学校教育的影响力,也更具有系统性、简约性和实效性的特点。

高职院校加强实训文化建设也有利高职教育师资的成长,从事高等职业教育的教师,其知识结构与能力结构应当与职业教育相适应。高职院校加强实训文化建设还具有沟通校企的功能。在实训基地建设问题上,高职院校为了拓宽建设资金来源、节省投资、提高水平,往往走校企共建、互利双赢的道路。发挥这一功能也是高职院校可持续发展的重要举措。此外,高职院校加强实训文化建设,在服务社会方面也具有一定的作用。由于实训文化贴近职业社会文化,能够为社会职业培训、岗位技能考核和职业技能鉴定提供新的载体和活动

基地。

3.建立高职院校实训基地文化

实训文化是高职教育重要特色,为了突出这一特色,高职院校特别重视实训基地的建设,使其成为高职院校实训文化中最主要的一种形式。

(1)实训基地的文化建设

实训基地建设的实质是一种特殊的校园文化,是一种满足培养技术应用型人才需要的校园文化,是衡量实训基地建设是否符合要求的重要标准。

为了尽量缩小高职学生实践环境与将来工作环境的差别,高职院校在建设实训基地时,都尽可能地仿照企业真实的生产环境来进行设计。因此,高职院校的实训基地文化应当理解为企业仿真的实训基地文化。建立高职院校的实训基地文化,要把这种仿真企业的思想理念贯穿到实训基地的规划、设计、建设与管理等各个环节,企业仿真性是实训基地文化建设的基本原则,也是高职院校实训基地文化的外显特色。

实训教学的主要功能是实现课堂无法完成的技能操作,有目的、有计划、有组织地进行系统、规范、模拟实际岗位群的基本技能操作训练。因此,实验实训基地应当尽可能贴近生产、技术、管理、服务第一线,努力体现真实的职业环境,让学生在一个真实的职业环境下按照未来岗位对基本技术技能的要求,得到实际操作训练和综合素质的培养。

根据这一要求,实训基地建设需要考虑以下问题:

第一,从厂房建筑、设备采购、管理水准、人员配置和要求、标准化以及质量安全等方面模拟或接近职业环境,充分体现生产现场的特点,具有针对性很强、数量和场地足够、与社会上实际的生产和服务场所尽可能一致的实训工位。

第二,按照未来专业岗位群对基本技术技能的要求,对学生进行实际操作训练,帮助学生形成专业技能技巧,培养学生的技术应用能力;同时要具有可供操作的反复性,能给学生提供反复训练的机会,使学生在反复训练中不断提高技能熟练程度。在真实的生产环境中培养训练学生,构建与大企业合作共振的"实境、耦合"的培养模式。

第三,实训基地的结构与布局应使先进的设备适用于专业实践教学组织,适合学生的学习特点,并与学生专业能力的提高规律相适应,使实训教学贴近高科技企业的实际,更适应迅猛发展的高新技术对人才的要求,以能力训练为主,淡化原理性验证,突出实用性。对于那些不能搬进实训室的大型流水线和重型设备应进行模块化处理,使之既具备实物的一切特征,又能放在实训室里作为训练对象,既有助于教师的讲解,又能使学生感受到以往课堂上无法感受到的那种职业氛围。

(2)实训基地的任务与社会企业的任务是不同的

前者以实践教学培养人为目的,后者以产品制造利润最大化为目的。从培养人的目的出发,实训基地除对学生进行技能培训外,又是学生见习企业管理的基地。校内外实训基地是两个不同属性的空间,所以具有各具特色的管理文化。

校内实训基地管理文化的形成,要做好以下工作:

第一,仿照公司或企业的生产车间设置管理组织机构和职能部门,采取聘任制。聘任专业教师担任各部门主管,轮流聘任学生担任各部门副主管,明确职责分工,由专业负责人或实训基地负责人担任"模拟公司"的决策者和管理者。

第二,按照企业的运作模式,制定"模拟公司"的各种规章制度。

第三,按照落实生产经营和实训教学两项目标,实行模拟公司的目标责任管理。校内实训基地作为一个模拟的企业,应该有完成实训教学和生产经营两项目标任务,因此在制定实训基地工作目标时,要同时制定实训教学和生产经营两项目标的具体要求。这两项目标是相辅相成、不可分割的,实训教学离开了生产经营管理是不可能真正达到高职教育的要求,生产经营目标离开了实训教学也就没有存在的必要了。要分别完成好这两项目标必须执行严格的成本核算,无论是实训教学的开支还是生产产品的开支,都要进行严格的成本核算。此外,要协调好生产经营与实训教学的矛盾。

对于校外实训基地的管理,学校与企业要通过签订协议,明确供需关系和条件。校外实训基地要设立组织教学的专门机构,负责制订并实施实习计划。学生进入企业实训基地后,按所制订的培训计划和实训教学任务进行实习,在实训过程中,学生要有详细的实习日记,实训结束时由指导教师评定成绩、给出评语。学生在校外实训基地是顶岗培训,所以既是学生,同时又是企业的员工,具有双重身份,需要完成学习和生产的双重任务。

4. 建立"对接教育"的实训文化

随着社会主义市场经济的发展,社会人才市场对从业人员素质的要求越来越高,特别是对高级实用型人才的需求更讲究"适用""效率"和"效益",要求应聘者的职业能力要强,上岗速度要快。这就要求高职院校学生在校期间就要完成上岗前的职业训练,具有独立从事某种职业岗位工作所必需的职业能力并取得相应的职业资格证书,实现毕业生就业的"零等待"。因此,许多高职院校选择了职业能力培养与职业资格证书获得的所谓"对接教育",并逐步形成高职院校特有的一种校园文化。

目前,职业资格体系正在各行各业逐步推行,可以预见今后但凡要进入某一特定行业,都必须具备某种资格,方才允许执业。就业环境的严峻性使人们不得不将注意力转移到职业资格方面,那么作为现代市场经济中的高等职业教育应当主动地对此做出积极的反应。用"学识(或学历)加上务实的资格(职业能力)"增加学生在人才市场上的竞争实力,应当是高职院校需要考虑的决策。

职业能力是贯穿于劳动者职业生涯的生存与发展能力。职业资格证书则是由国家有关部门针对不同行业中不同岗位资格的不同要求,通过对有关能力标准进行组合而开发出相应的专业课程,对学习合格者可授予相应的执业资格认证的一种市场准入制度。因此,职业资格证书制度是把教育、培训、就业和企业制度联系在一起的纽带;同时也是把个人和社会、个人和企业联系在一起的纽带。众所周知,高职教育和普通高等教育的最大区别就在于高职学生毕业后有绝大部分直接从事生产、经营、管理和服务的第一线工作。高职教育以就业为导向,实行职业能力培养与职业资格证书对接教育是必要的。

采用对接教育,高职院校需要建立"一教两证"的教育制度。所谓"一教两证"是指一种教育方式同时颁发学历文凭证书和职业资格证书,让学生在毕业的同时获得职业准入资格,帮助其顺利就业。这是一项深化职业技术教育改革和深化就业制度改革的重大举措。企业对人才的引进必须具有较强的动手能力，较丰富的实践经验和应变能力，能较好地处理实际问题，能帮助企业解决比较棘手的难题，这也正是高职教育培养职业技术人才的宗旨，实施学历文凭证书和职业资格证书的"双证制"就能切实体现高职教育面向企业，服务于社会和经济发展的目标。实施对接教育，建立"双证制"，关键在能否让学生在学习期间能够获得职业资格证书。为此，高职院校必须加强实训，而且是严格按照劳动和行业主管部门认定的职业资格要求进行实训，也只有从制度上和技术上给予保证，才有可能形成高职院校"对接教育"的实训文化。

（三）为地方经济社会建设服务，提高校园文化适应性

高职校园文化要反映"地"字，地即地方文化，也可称社区文化、地域文化。高职院校必须服务于地方经济社会建设。要做到这一点，高职院校就必须了解地方。高职校园文化与地方文化要形成互动机制，"社会即学校"。了解地方文化，尤其是认识地方文化的特质，对提高高职院校学生自身素质，较快地适应工作，融入地方社会很有益处。地方文化包括当地的经济、政治、地理、名胜、人口、语言、风俗、物产、人物等诸多内容，是丰富的知识宝库。为此，高职院校可开设相关的人文讲座，宣传地方文化特色；还可走出校园，深入工厂、街道、农村、学校，通过技术服务、公益活动等，了解区域经济社会建设形势和成就，在实践中直接接触地方文化；还可利用区域文化教育资源，如具有地区特色的风景名胜、博物馆、展览馆等，使之成为校园文化的延伸和拓展。

第二课堂是高职院校重要的育人阵地，也是校园文化传播的纽带。社团活动不但能形成学生的团结合作能力，也显示出学生的创造性、能动性。如家电维修中心，为社区和贫困地区提供义务电器维修服务，使学生既得到理论联系实际的锻炼机会，也是接触社会的一个窗口；以校园网、学生社团和各类兴趣小组为依托，以读书节、科技节、体育节、文化艺术节、宿舍文化节等为载体，组织开展丰富多彩的第二课堂活动和课外科技活动，使校园文化活动异彩纷呈，丰厚学风建设的职业氛围，促进学生整体素质水平的提高；通过感受、模仿、实验、安装、维修、制作以及发明、创造等活动，逐渐养成注意观察、勤于思考、乐于动手的习惯，激发学生浓厚的职业兴趣，诱导学生对专业技术、技能的执着追求。

高职院校和谐校园文化特色是指学校在办学过程中体现的办学理念、治学方略、培养模式、学科水平、教学方法、管理机制、校园文化、人才特色等各个方面独特的、稳定的、公认的传统优势、风格和特征，是一所学校区别于其他学校标志性的特征。高职院校相对于其他院校而言，有其独特的校园文化建设优势，他们更注重逻辑的、辩证的思维方式，注重分析、综合协调的方法论。从某种程度上讲，教学、科研的实践活动影响着校园文化的表现方式。对高职院校而言，经过一定时期的积累后，在已具备良好的科学研究硬件的基础上，科研氛围已逐步成为打造其校园文化所独有的优势。同时，高职院校更加注重将理论成果运用于实践、将科研成果转化为现实生产力，而且在长期的探索中摸索出了一系列的方法和经验，基本具备服务地方经济建设服务的条件。

另外，高职院校还具有理论的自觉应用和创新的优势。与普通高校相比较，高职院校能

够更自觉地将在科学实践中的创新精神和创新意识融入校园文化建设中去。同时能更多更快更全面地接受新事物、新思想,更能够兼容并包、兼收并蓄,沿着自然科学的规律,以"唯真理"的务实、创新精神为指导,深入探索、不断总结。

总之,这一系列的"软"件是高职院校构建校园文化最具特色、最为珍贵的因素。为此,高职院校在建设其大学校园文化时,要走具有高职院校特色的道路,遵循"发扬传统、突出特色"的发展原则,避免低水平重复建设。要从本校长期形成的学科特色和特有的科研氛围出发,充分发挥能反映高职特色的价值观念、审美情趣、思维方式等,创办出各具特色的校园精神。以全国大学生"挑战杯""机器人大赛"和创业设计大赛等这些重大活动为契机,进一步培养高职院校大学生的动手能力和创新精神,培养他们的团队协作精神和创业精神。让学术科技文化之花在校园"社团文化园林"中独放异彩,打造成高职院校校园文化的品牌。

(四)构建和谐的教育管理体系

1.创新是当今社会的重要特征,也是发展高职教育的迫切要求

学校管理模式的创新是实现教育创新的一个重要保障。教育的现代化要求学校管理模式的现代化,教育创新要求学校管理模式的创新。对高职院校而言,构建和谐的教育管理体系,落实以人为本是高职教育改革的必然选择。

在学校管理系统中,人是首要的教育管理客体,是整个教育管理活动的中心。校园文化履行和完成的是一种文化使命和文化任务,对人的教育关怀乃是校园文化人本性的实质。以人为本的"人"不仅指个人,更重要的是指具有共同价值观、道德观和教育精神以及共同目的与协作关系的个人所结合而成的群体,包括全体教职工和学生。随着社会的发展,对人性的尊重已成为社会文明进步的重要标志,也是和谐校园建设的起点。落实以人为本,对高职教育管理而言,要求管理者把学生放在首位,给予充分的肯定和尊重,进而建立起现代、民主、和谐的师生关系。在新的教学改革中,学生是知识的建构者;学校是学习的共同体;教师是反思性实践者。可以说,构建和谐的教育管理体系是培养学生的先决条件,是使学生安心学习的法宝。高职院校必须从实际出发,把以人为本的理念作为教育管理改革的重要内容,重构教育管理体系,使教育管理更趋和谐。

高职院校要努力建构和谐的教育环境,关心学生的心理和生理需求,做细致的思想工作;充分调动全体教职工的主动性和创造性,使教职工真正从内心接受管理,同心同德办好学校。高职教育的发展,要求以平面式、网络型的教育管理模式对学生进行管理,和谐人性化的管理模式将更有利于高职院校的发展。

高职教育管理要正确处理好激励和约束的关系。对高职学生而言,适当的激励比约束更为有效,更能鼓舞学生,也更能形成一种朝气蓬勃、奋发向上的和谐的氛围。当然,还必须建立起约束机制,激励和约束并举是和谐校园建设的必要条件。以人为本也应该体现在对教师的管理中。怎样在留住人才的同时,引进有利于学校长远发展的更高级人才,则需要建立以教师为本的管理制度。对新教师要多采取激励手段,如目标激励、荣誉激励、信任激励、情感激励等,多为他们提供一些实现志向和发挥才能的机会,多向教师投入一些感情。只有这样,才能够体现管理上的以人为本,从而实现校园的和谐。对高职教育的管理者而言,要

能以身作则,有容人之量,正确认识求同与存异的关系。管理者要做到大事讲原则、讲求同;在小事上要能容人之短、谅人之过。在处理事情上能形成一个既有全局的同、又有局部的异,既有整体的统一、又有个性的发展的良好局面。学校管理者肩负着促进学校和谐发展的使命,因此,学校管理在完善规章制度的同时,更要重视以人为本,努力满足主体发展的需求。

2. 以有效地管理为突破口,培养良好的校风教风学风

校园文化具有重要的育人功能,要建设体现社会主义特点、时代特征和学校特色的校园文化,形成优良的校风、教风和学风。校风是学校长期育人实践所积淀的共同心理定势、心理特征、行为规范和精神追求,并为全体师生所认同,对大学生起着统一思想、凝聚人心、理顺情绪、振奋精神的作用,是高职院校校园文化的综合反映。优良校风的培养需要经过认识的提高、情感的体验、意志的努力、行为的锻炼才能逐步养成全体成员共同的习惯和风尚,形成学校统一的舆论和风气,要注意校风养成的特点,从一点一滴培养起,持之以恒,反复强化。

良好的校风、学风作为一种无实物形体的校园文化环境,只有置身于健康向上的校风中,通过耳濡目染和内心体验,大学生才能得到心灵的感染、情操的陶冶、哲理的启示,才能内化为大学生的思想和品格。而建设优良校风就必然要求建设优良的教风和学风。因此,建设优良校风,学校应该从教风、学风建设这两个方面入手,做到"双管齐下"。

(1)构建和谐的教师文化,形成优良的教风

教师文化的蓬勃发展是富有生命力校园的显著特征。目前,全球教育界普遍关注教师成长,激励教师寻找成就感的倡议被广泛提出。良好的教风为教师发展创造了适宜的氛围,教师的发展动机和目标十分明确。这样能极大促进学校的创新能力和活力,营造积极向上的氛围。教师要做到的就是为人师表,为学生做好表率。教师的言行对学生品德的形成起到至关重要的作用,优良的教风是指教师应具有渊博的知识,严谨的教学态度,还要做到用一言一行来影响自己的学生,促进学生和谐、健康地发展。

高职院校在构建教师文化方面应做到以下几点:

第一,着手实施"凝聚力工程",通过各种形式,发挥各种组织的不同作用,抓住机遇,根据需要开展各种活动来凝聚人心,使教职员工做到以校为家。

第二,给教师成功的机会,让教师在学校中找准自己的位置,获得成功的喜悦。教师有了"乐教"的动力,就能刻苦钻研业务,提高自身素质,促使自己从"乐教"向"能教"发展。

第三,必须关注教师的生活,改善教师的生活方式和生存状态,这也是校园文化建设的应有之意。

第四,必须强化师德教育,制定完善教职员工工作行为规范,加强师德师风教育,使教员职工真正做到"敬业乐教""教书育人""春雨润物""严于律己",努力建成"严格、规范、创新、求精"的优良教风。

(2)构建和谐学生的文化,形成优良的学风

优良的学风和学习环境是学生健康成长的前提。除了学生的学习文化外,学校的每一

个橱窗、每一面墙壁、每一棵树、每一盆花都能够成为激励学生成长的好教材,折射出文化环境对学生的健康成长所起的作用。学生在学习过程中不仅继承了文化,也创造了文化。校方应该为学生营造良好的学习氛围,培养优良的学风。为了使学生养成良好的学习风气,学校要培养学生良好的学习习惯,掌握与人沟通的技巧,培养与人合作的精神,塑造健全的人格,从而养成良好的行为文化习惯,让学生体验到学习带来的快乐。同时,还要利用一切可挖掘的因素,为学生创设文化氛围,如国旗、校风、学风、名人画像、名言警句等,时刻鞭策学生热爱祖国,为中华之富强而努力读书。还可举办艺术节、科技节、作品展等活动及各类比赛,给学生提供展现自我风采的舞台,让校园形成有特色、和谐、健康的育人氛围。

3. 加强激励机制,健全评价体系

管理学认为,人的积极性是以需要为基础的,动机是调动人的积极性的直接动力,目标则是调动人的积极性的诱因。大学管理能否充分调动师生员工的积极性是衡量一所大学管理成败的重要标志。具体来说,应该注意以下几方面:第一,加强目标激励,调动各方面的积极性。学校要将目标管理的客观要求变成教职工个人的努力方向,在目标的激励下,使师生员工为实现这个目标而精诚团结,创造性地开展工作,从而实现预期的目标。同时,在具体工作中要始终遵循"整体管理、过程管理、层次管理"的原则,在整体目标确定的前提下,进一步细化学校内部各科层组织的职责,努力达到学校管理的系统化。第二,健全评价体系,提高管理的实效性。教师的劳动是一个复杂的创造性劳动,很难用统一的模式来衡量和评价。每个教师都有其自身的特点和优势,只有发挥个体特长,相互配合、相互补充,学校工作才能有条不紊地开展和运行。在评价过程中,要注意采取定量与定性相结合的做法,既要考虑教学成果多少、科研论文的数量等,又要考虑教师教育效果、教育思想、教育艺术及教学作风等。评价教师的工作,还可根据对教师工作过程的考查、对教学效果的综合印象加以评述。总之,学校在管理中要重视教师的能力、效率和工作绩效,给予教师全面、客观的评价,满足教师的自尊心、荣誉感和成就感,充分调动教职工工作的积极性。

(五)发挥网络优势,推进文化

大学生网络文明现状是制约当前高校和谐校园建设的一个瓶颈,如何加强和改善大学生网络文明状况是每一位高校德育工作者面临的一个重大而现实的理论课题。网络文化使得高校德育工作面临的社会环境更加复杂,但同时也为高校德育工作的开展和完善创造了新的契机。网络文化不仅改变着当代大学生的学习、生活方式,也强烈冲击着他们的思维方式,并使高校德育面临新挑战。为了提高对网络文化建设紧迫性的认识,利用网络弘扬社会主义主流文化,国家启动了网络文明工程,优化学校育人环境,及时引导大学生健康成长。

1. 培养学生的上网意识,普及网络知识

开设新兴学科选修课,加快高职院校网络文化建设。学生都反映影响自身上网积极性和效率的主要障碍,是对网络缺乏详细的了解,而目前一些网络知识讲座,因缺乏系统而得不到很好的效果。如网络群体的特点及其与现实社会的关系,学生的思想特点及其对网络行为的影响,网络伦理道德建设,网络规则与法治教育等。通过各种教育形式帮助大学生树立正确的网络观和网络道德,培养良好的思维方式,提高识别信息、认识信息的能力,学会创造和传播信息的知识和技巧,并了解如何利用信息资源来丰富和发展自己。

2. 建章立制、严格管理建设校园网络文明

高职院校要结合校园网建设和学生实际情况建立和健全一套校园网络管理体制,以保障正常的校园生活和教学秩序,这包括校园管理制度检查制度筛选制度、值班制度、汇报制度和岗位责任制等。

3. 面向社会、认真建立好自己的富有特色的校园网

一方面,建立网上德育数据库,使思政工作占领网络。另一方面,建立大学生关注的热点焦点问题讨论专栏,利用网络的交互性上载有关资料,解答同学们的疑问,允许不同意见之间开展讨论。针对热点、难点对其进行引导及时抓解矛盾,及时澄清某些网站上的不符合事实和是非不分的观点。

4. 开展丰富多彩的网上科技文化活动

创办网上电子刊物,反映大学生的学习生活和课余文化生活,形成浓郁的网上校园文化氛围,使丰富多彩、生动活泼的形式与正确健康积极向上的内容有机地完善地结合在一起,吸引学生的注意力,感染和影响学生,同时开展网页设计大赛、网上优秀作品展播、网上辩论赛等激发学生的想象力创造力的活动。

对于高职院校而言,网络的发展和运用有其优势,是建设校园文化、培育有特色校园文化的有利工具。因此要充分利用好网络技术,加强文化素质教育,营造健康的校园文化氛围,加强文化理论学习。学校要加强校园网站的建设,建立好教辅服务为主的红色思想教育网站及学生工作网站,积极发挥校园网络的正面引导作用,使网络真正成为沟通师生的桥梁,科技创新的平台和文化素质教育的重要阵地。

(六)构建和谐的教育环境

1. 营造和谐的校园人际环境

和谐社会并不是单一的,而是包含人与人之间的和谐、人与社会的和谐、人与自然的和谐三个层次,其实归根结底说的都是人与人之间的和谐。和谐校园文化的创设,很重要的一方面是创设教师与学生之间的民主、平等、和谐的师生关系。师生之间应该是相互合作、相互尊重;分享彼此的思考、经验和结果,交流彼此的情感、体验与观念,实现教学相长与共同发展。师生关系和谐,学生才会亲其师,信其道,才会朝着教师期望的方向发展。同学之间应该是相互尊重、相互激励、互相学习、平等互助、共同进步的关系。教职工之间应该是和谐发展、人格完善,共同完成育人使命的关系。

在和谐校园文化的构建中,校领导作为协调各种利益关系,维护各种人际关系的主导,要坚持依法治校和以德治校相结合。管理模式科学治校、民主治校,鼓励教职工为学校建设和发展建言献策。要始终抓好执行党的教育方针这件大事,始终做好充分调动教职员工积极性这件大事,始终干好深化教育改革这件新事。在围绕这三件要事的前提下,充分尊重民意,善于广集民智,使学校的政策更加科学合理,管理更加规范高效;积极引导教职员工相互理解、相互支持、积极工作、追求卓越,不断提高教育质量和办学效率;引导师生员工改善关系,确立一种人人参与管理的理念。构建和谐校园文化,每位师生都有责任,谁也不应该把

自己置之度外。如果每个人都能以身作则,从自我做起,而且能善待他人,同情和帮助弱者,抵制和对抗错误行为,学校自然会形成和谐的文化氛围。

2. 营造和谐的校园自然环境

校园环境建设是学校精神文明建设的窗口,同时,也是学校日常德育的载体。优美的环境氛围、高雅的校园文化给人以奋进向上的力量。它不仅有助于学生的学习和健康,而且在潜移默化中能提高学生对美的感知能力,对学生的发展起着相当重要的作用。为此,可利用学校的高雅建筑,做到合理布局,如将红花绿叶点缀亭廊之中,充分凸现了"绿化""美化""园林化"的特色,使校园一年四季绿色常驻、花开不断。师生在这样美好和谐的环境中学习、工作和生活,自然是身心愉悦,倍感舒适。在构建和谐校园物质环境的同时,还不忘突出整个校园的人文内涵,如可在围墙上布置"学会思考,善于创新,学会共处,善于协作"、"全员发展,全面发展,个性发展,和谐发展"、"学高为师,身正为范"等醒目的标语。另外,在校园的绿地花圃中,还可以书写中外名人警句的标牌等。当师生员工置身于优美的校园物质环境中,就像呼吸空气一样,把从四面八方吹来的美的风,吸进自己的肺腑,渗入自己的血液,从而使自己的心灵得到净化,人品美化,感情高尚化。

所有这些都使师生在耳濡目染之中既得到了美的熏陶,又得到了心灵的净化。校园自然环境还应该包括学校的安全工作,只有具备良好的治安环境的校园才能够被称为环境优良的学校,通各种形式大力加强安全教育,提高全体师生的安全意识和生存的能力。

3. 营造和谐的校园物质环境

物质环境既是校园文化的物质性载体,也是校园文化赖以产生、发展的基础和骨架。"人化"的物质环境不等于"美化""优化",如何使校园建筑、教学设备、文化基础和生活设施等有机结合,这是校园文化建设应注意问题。

(1) 教学、生活和文化设施要相对完善

教学与生活设施的建设是学校教育赖以存在的最必要的条件之一,但鉴于我国的国情和各校的实际,不能脱离实际,强求一律。应写好校史,做好校史陈列室建设,设计好教学场所、图书馆,完善教学设施,优化学习环境,不断满足大学生学习成才的需要。规划、建设好大学生文艺、体育、科技活动场所,完善校园文化活动设施,各高等学校都要创造条件建设大学生活动中心,为开展校园文化活动提供必要的场地和条件。加强校报、校刊、校内广播电视、校园网、宣传橱窗等的建设,发挥宣传舆论阵地在校园文化建设中的更大作用。

(2) 校园建筑的实用和审美有机结合

校园建筑是校园文化最直观的表现形式,一般由教学楼、办公楼、宿舍、食堂和图书馆等构成。在可能的条件下,一切校园建筑除了牢固和结构合理外,同时应当是一种独特的艺术品,对营造校园文化有着特别的意义,在设计校园建筑时,不仅要强调实用性,还要注意审美功能。

(3) 要注意软、硬工程的有机结合

要营造和谐的校园物质环境,应加强软环境的建设,确定校训、校歌、校徽、校标,提倡大学生牢记校训、学唱校歌、佩戴校徽、使用校标。做好绿化美化工作,使校园的山、水、园、林、路等达到使用功能、审美功能和教育功能的和谐统一,用优美的校园景观激发大学生的爱校热情,陶冶大学生关爱自然、关爱社会、关爱他人的美好情操。要在公共场所布置具有丰富内涵的雕塑、书画等文化作品,营造高尚健康的人文景观氛围。要组织大学生广泛参与校园楼宇、道路、景点的规划、建设、命名以及管理工作,增强大学生对校园文化环境的认同感。

第二节 加强大学生的和谐力建设

"和谐校园"建设是努力调整校园内外各种关系,使之呈现出一种动态平衡,极富生机活力的状态。"和谐校园"的建设主体包括教育者和受教育者,应重视学生在和谐校园建设中应有的力量,这种力量在很大程度上取决于学生的和谐力。

一、大学生和谐力的主要标志

和谐力是指行为主体整体协调自身内外要素使自我达到和谐状态的一种能力。和谐力虽然是一种软实力,却是更高层次和更深层次的实力。大学生的和谐状态主要表现在以下三个方面。

(一)健康充实的身心状态

大学生在身心上的和谐力首先表现在拥有健康的体魄,能承担各种压力和挑战,同时,其心理结构中的认知、情绪、意志三者达到和谐,能够正确认识自我,摆正自己在社会空间中的位置,树立正确的世界观、人生观、价值观,热爱生活,积极进取,乐观自信,能承受挫折。

(二)充满活力的学习状态

一般情况下善于学习的大学生,其身心的和谐程度要远远大于不善于学习的大学生。因此,大学生的和谐力主要集中表现在是否具有强烈的求知欲和探索创造动力上,能否在人类物质和精神文化的全部成果的过程中,最大限度地发挥自己的聪明才智和能力,以使自己的个性得到自由、全面的发展。大学阶段是学习、求知、探索的大好时光,学习上的和谐力具体表现为大学生能主动发展自我兴趣,重新确立奋斗目标,并围绕目标不懈努力,掌握适合自己的学习方法和手段,具备终身学习的能力。

(三)诚信友善的人际状态

大学生在人际的和谐力不仅表现在横向交往能力上,即能充分融入高层次的文化环境中,能够以真诚的情感、信任的态度、平等的意识在同龄人中建立起能够充分交流思想、充满温暖的人际关系,赢得同伴们的认可和信任,同时,还表现在纵向交往能力上,即能够跨越年龄和地位的差距,与教师、长辈、领导交往,接受课堂外的教育营养,也为今后走上社会开展人际关系奠定了基础。

二、积极探索加强大学生和谐力建设的途径

(一)加强大学生心理健康教育

要预防在先,把大学生的心理问题降低到最低程度。每年新生入学时都要进行身体健

康和心理健康两项普查,然后对其进行心理建档和追踪服务,并开通网上心理热线,随时解答学生的心理问题。

(二)加强大学生人文素质教育

和谐力作为一种非智力因素作用下产生的能力,更多地有赖于人文素质教育的培养和熏陶。目前的大学生人文素质教育可以围绕构建和谐校园文化,弘扬历久弥新的大学精神,为大学生的成长成才提供积极向上的和谐氛围,在潜移默化的过程中以文化养人,让大学生深深感受、认同并吸收这种文化,把和谐精神带到日后的工作岗位上,在工作中建功立业。

(三)加强大学生自我教育

大学生的自我教育包括自我认识、自我体检、自我控制等方面,要帮助学生通过认识别人、认识自己的活动和行为来认识自己,通过道德评价活动学会自我评价,引导学生在品德践行中检验自己的道德情感;要通过提高道德认识来升华道德情感;引导学生在道德意志行为中自觉地掌握和支配自己的情感和行为。

(四)加强大学生实践教育

人的所有认识活动都应认真地接受实践的检验。"纸上得来终觉浅,绝知此事要躬行",应鼓励青年学生走出校园,深入实际、接触社会,积极实践。比如,通过学习互助活动,培养大学生的责任心、义务感、意志力,通过参与勤工俭学、社会调查、生产实习、青年志愿者等各种形式的社会实践活动,帮助学生提高认识、了解政策、了解社会、认清使命;通过执行学习和生活等各方面规则制度,培养学生的理性观念等。

(五)加强大学生创新教育

创新是活力的源泉,是和谐的内在推动力。高职院校应努力营造一个自由的学术氛围和宽松平等的学术生态环境,为学生搭建大胆尝试、勇于突破的创新平台;要培养大学生的创新精神和意识,鼓励学生勇敢地超越自我,要培养大学生的创新能力,用多种方式的创新来推动个体进步,用自我价值的实现来维护个体和谐。

第三节　在构建和谐校园环境中发挥党员先进性

一、在构建和谐学院中发挥党员作用的必要性

社会和谐是中国特色社会主义的本质属性,党中央在结合当前社会形势的情况下,适时提出了构建和谐社会的设想和目标。"和谐"是指构成整体的各个要素间要协调统一,优势互补,相互促进,合作互利,以达到整体优化,找到最佳发展点。和谐校园是社会和谐的重要组成部分,是学校事业发展的重要表现,而和谐学院又是和谐校园文化建设的重要一环。和谐学院主要是指以和谐共济、内外和顺、协调发展为核心的一种教育模式,是以学术、教师、学院、学校发展为宗旨的整体效应。学生和教师在和谐学院的环境中心情愉悦、沟通良好,学习和工作都可能取得更大的成绩。

和谐学院的要素包括组织结构要素的和谐、教育环境的和谐、教师间人际关系的和谐、

学生间人际关系的和谐、师生关系的和谐以及自我教育、家庭教育、社会教育和学校教育的和谐等。这就是说，和谐学院是学院结构、质量、效益、规模和建设速度的和谐，是学院人际关系的和谐，是校园内外自我教育、学校教育、家庭教育和社会教育的和谐统一。具体到一个学院内部来说，和谐学院应集中体现在学院充满活力，人际关系诚实友善以及安定有序的状态。

（一）和谐学院是一个充满活力的学院

充满活力既包括教师队伍充满活力，也包括学生集体和个人积极向上的风貌。教师方面，人际关系和谐，团队精神强烈在教学和科研方面都走在学校的前列。学生方面，学生努力学习，积极参加社会实践活动、体育活动和科技创新活动，班级之间与学生之间乐于开展各种竞赛，在活动中坦诚交流，共同提高。学生积极发挥自己的聪明才智，富有动手积极性和能力，在科技作品竞赛中展示自己和团队的作品。

（二）和谐学院是诚信友爱的学院

诚信是中国最基本的道德规范之一。建设和谐学院要大力强调诚信友善，就是学院师生要做到诚实守信、平等友爱、融洽相处。诚信不仅需要道德的宣传，也需要强调法律知识、市场经济条件下的法治，更强调公平守信。和谐学院离不开学生之间和师生之间以及教师之间的团结友爱，教师爱护学生，学生之间互相关心，学院所有师生员工关系和谐。

（三）和谐学院是一个安定有序的学院

学校进行平安学院建设，学院也积极进行创建平安学院。学院师生的人身和财产安全，没有遭受重大损失或者危险；学院师生心理安定都为学院的发展感到自豪；学院的教学活动和社会活动有序进行，学生的学习和竞赛活动有序开展。

构建和谐校园是促进学院事业全面协调发展的现实需要，也是增强学院创造活力和实现学院安定有序的现实需要。要构建和谐学院，更需要上下结合，内外互动，做大量艰苦细致的工作。但是需要重点强调的是，党是构建和谐学院的核心主体。无论是促进学院事业的全面协调发展，增强创造活力，还是实现学院的安定有序都离不开学院党组织的坚强领导，也离不开师生党员的积极参与。所以，加强学院党组织的先进性建设是构建和谐学院的根本保证。

二、党员先进性在构建和谐学院中的重要性

党员先进性在构建和谐学院的重要性主要体现为以下几点。

（一）党员先进性建设为构建和谐学院提供思想保证

在构建和谐学院过程中，要坚持以马列主义、科学发展观和新时代中国特色社会主义思想为指导，坚持社会主义办学方向，只有这样，才能在构建和谐学院中保持正确的政治导向、价值导向和行为导向。

（二）党员先进性建设为构建和谐学院提供组织保证

党的基层组织是党建设和谐社会的重要战略资源。在和谐学院建设中，党的基层组织活了，和谐学院建设就有了支撑力量，就有了雄厚的组织资源和社会基础。离开学院党组织

的战斗堡垒作用,师生员工的心就难以拧成一股绳,和谐学院的建设便无从谈起。党员先进性建设的重要内容就是要努力加强党的基层组织建设,充分发挥基层组织的战斗堡垒作用,这对于和谐学院建设起着重要的组织支撑作用。

(三)党员先进性建设为构建和谐学院提供力量保证

建设和谐学院需要学院师生共同努力,特别需要广大党员在学院各项事业中发挥带头作用,共产党员先锋模范作用的发挥是建设和谐学院的重要力量。教师党员教书育人的水平影响着和谐学院的教风、学风的形成;大学生党员在学风、学院文化建设等各个方面发挥的重要作用影响着和谐学院建设水平。加强党的先进性建设,就是要提高每一个党员的素质,发挥每一个党员的先锋模范作用,带领师生出色地完成构建和谐学院的各项任务。

三、在和谐学院建设中发挥党员先进性的措施

发挥党员的先进性,构建和谐学院,学院可以采取以下措施。

(一)搞好党员的培训和学习

党总支通过开展民主生活会和支部书记学习会等形式,营造良好的学习氛围,形成党总支领导带头学、支部书记督促学、党小组组织学、党员个人自觉学得良好局面。而且,学院进一步加强先进性教育与和谐社会内涵的教育包括:一是加强传统教育,深刻领会党的先进性内涵;二是加强政策形势教育,清醒认识保持共产党员先进性的必要性;三是加强师德师风教育,把党员培养成教职工楷模;四是加强教育改革与发展的教育,促进党员教师以先进的教育理念和行为影响人、感染人。总体来说,通过主辅结合,以灵活的方式落实学习,以自学为主,辅导为辅;分散为主,集中为辅;体验为主,说教为辅。通过扎实有效地学习,增强广大党员的党员意识。

(二)创造良好的环境

学院通过多种途径来营造良好的育人环境和教育环境,发挥党员先进性,构建和谐学院。学院通过充分自觉发挥共产党员的先锋模范作用,大力推进民主法治建设,把科学决策,民主管理办学理念真正落到实处,倡导宽容谅解的社会理念,培养与人为善的积极心态,畅通师生民主管理的渠道。学院以党代会为契机,大力宣传党的和谐社会理念,在学生中倡导互相帮助、共同进步,通过观看电影,感受英雄人物的先进精神,营造良好的氛围。

(三)树立典型形象

学院尊重教师,对具有与时俱进的教育思想和教育理念,时刻站在教育改革与发展的前列的教授予以充分肯定。把具有渊博的知识和精湛的业务水平、在教育教学的各项工作中取得一流成绩的教师,树立成为教师中的学习榜样。另外,学院组织教师到革命老区参观,一方面感受大自然与当地人民勤劳俭朴的精神,另一方面,增加教师间的交流,改变教师平时见面不多的局面。在学生方面,学院表彰一批学习和社会实践突出的典型,并且让学生作主要评委,动员学生积极参与,不仅在学生中树立先进形象,而且把评选过程当作一个良好的教育过程。

（四）组建党员突击队

为了实现和谐校园、和谐学院，同时也为了实现建设平安校园、平安学院，学院在学生中组建了党员突击队。党员突击队的成立充分发挥了学生骨干党员的作用，做到把党组织的视角时刻寓于群众之中，可以增强遇到突发事件的应对能力。学院将加强对党员突击队员的培训，同时进行预演。只有平安才会有和谐，因此，建设平安学院也有利为构建和谐学院奠定了坚实的基础。

第四节 高职院校学生就业的解决对策及能力体系培养

在就业压力增大、就业形势严峻的情况下，高职院校围绕培养目标办出高职特色，正确引导学生，端正就业认识，以促进毕业生充分就业和满意就业，为构建和谐校园做出新的贡献。

一、解决高职院校学生就业问题的对策

构建社会主义和谐校园，高职院校学生就业问题的解决，任重而道远。谓其任重，一是就其重要性而言，"就业是民生之本，也是安国之策"，实现比较充分的就业，乃是构建社会主义和谐校园中应有之意和重要的价值取向之一；二是就其繁重性而言，当前乃至今后相当长的一个时期，毕业生供求矛盾日益突出，就业任务十分繁重。谓其道远，高职院校学生就业问题不仅是一个重要的现实紧迫问题，更是一个长期的重大战略问题。而对于培养高层次技术性人才的高职院校学生来说，要将大学生就业工作当作学校的头等大事来抓，学校的一切工作要体现就业为中心，随着形势的发展，及时调整和加强就业工作，为高职院校学生服务，推进和谐校园建设。

（一）更新观念，与时俱进，树立科学的就业观

要从转变教职工的观念开始，通过各种形式的教育活动帮助全体学生转变就业观念，树立办学就是为了就业的观念，结合国情，面对社会现实从广义上理解就业的内涵，指导学生顺利就业。

（二）推行全新的就业与创业指导模式

要将高职院校的就业指导与创业指导工作贯穿于教育的全过程，实行全程化指导。要从关系到高职院校学生择业、就业、创业的深层次指导着手，在就业观念、职业能力、敬业精神、团队意识等方面给予个性化指导，将职业生涯规划列入教学计划或素质拓展计划，加强实践性教学环节，培养学生分析和解决问题的能力。

（三）进一步完善高等教育人才培养模式

政府应为各级各类高职院校准确定位，高职院校应把培养应用技术型人才作为主导方向，从培养目标、课程设置、教学管理、实验实训等各个环节进行综合考虑，着重培养学生的综合素质及实践技能，为社会输送"能工巧匠"。

(四)坚持招生培养与市场需求的和谐

高职院校的根本任务是培养人才,在社会主义市场经济条件下,高职院校要实现全面、协调、可持续发展,必须按需培养人才,做到招生培养与市场需求和谐一致。所以,各高职院校要加强市场调研,进行科学预测,提高就业工作的计划性、前瞻性和科学性,制定学校发展的长远规划,避免短期行为。根据市场需求,结合自身条件和特点,调整学科专业,"生产"特色"产品",以特色求生存,求发展,坚持厚基础,宽领域的质量观,强化动手能力、创新能力培养,全面提高学生综合素质,科学确定各学科的招生规模,构建和谐校园快速、稳健的发展。

二、构建提高高职院校学生就业能力的培养体系

(一)坚持"以就业为导向"的办学理念,树立正确教育质量观是高职院校学生就业能力培养的关键

近些年,随着我国高等职业教育的迅速发展,高职院校招生和在校生规模持续增加,高等教育已经从"精英化"阶段转向"大众化"阶段发展。高等职业教育是我国高等教育大众化的重要载体之一,具有鲜明的职业性、社会性、人民性特点。高等职业教育的特点决定了高职院校必须注意调整单一的技术教育加人文教育的培养模式,而更注重专业技能和就业能力的培养。在高职院校办学规模已经占据整个高等教育的半壁江山的今天,学生及其家长既希望能够接受优质的高等教育,同时更希望在未来的职业选择和发展中能具有较强的竞争力。因此,坚持"以就业为导向"的办学理念,树立正确的教育质量观是高职院校学生就业能力培养的关键。

(二)创新产学结合的"订单式"培养模式,打造全真实训基地是高职院校学生就业能力培养的保障

高等职业教育的人才培养目标是培养社会需求量大、实践能力强、职业素养好的高技能专门人才,要实现这个培养目标,高职院校和企业就必须通力合作、产学结合。产学结合有多种方式和途径,其中,"订单式"人才培养模式在产学结合的诸多模式中具有独特的优势,能够把教育与经济更紧密地联系在一起。高等职业院校可以根据市场和"订单"企业对人才在技能方面的实际需求,与企业共同制定培养方案和教学大纲,可以根据企业的环境和文化有针对性的培养高职院校学生的职业素养和综合素质。采用"订单式"培养模式培养出来的高职院校学生由于在校期间就已经在非常接近市场和企业的实训基地学习,因此具备更扎实的技能,更强的实践能力,更好地职业素养,更高的就业能力。因此,创新产学结合"订单式"培养模式,打造全真实训基地是高职院校学生就业能力培养的保障。

(三)加强就业指导服务体系建设,是提高高职院校学生就业能力的主要方法

高职院校要想切实提高高职学生就业能力,使高职院校学生能够顺利就业,除了坚持"以就业为导向"的办学理念,树立正确教育质量观,创新产学结合的"订单式"培养模式,打造全真实训基地外,还必须采用多种丰富、适合学生的具体方法来提高高职院校学生就业能力。

1. 通过开设就业指导课程提高高职院校学生的就业能力

高职院校可以安排就业指导教师采用课堂授课等多种方式,帮助高职院校学生系统的分析面临的就业形势,学习国家级地方的就业、户籍政策和劳动法规,掌握简历制作及求职面试方法和技巧,使高职院校学生对就业过程各个环节有全面、正确的认识。

2. 通过开展校园文化活动提高高职院校学生的就业能力

学生往往非常乐于参加各种丰富多彩的校园文化活动,高职院校可以根据这个特点,开展多种与就业能力培养相关的活动,如聘请企业自身人力资源专家做企业人才需求方面的讲座,邀请校友座谈在校学习与在职场工作的关系等,使高职院校学生树立正确的就业观。

3. 通过开展暑期社会实践活动提高高职院校学生的就业能力

高职院校应发动高职院校学生充分利用暑期社会实践的机会,到企业中去亲自感受一下企业文化、工作氛围和竞争意识,了解企业所需人才和自身之间存在的差距,从而增强高职院校学生的学习自觉性和就业的主动性。

4. 通过毕业实习环境提高高职学生的就业能力

毕业实习是高职院校学生迈出校门、走向社会的最后一个教育教学环境。实习环节完成的质量高低直接关系高职院校学生的就业质量。高职院校可以在实习环节帮助高职院校学生适应社会生活,顺利完成从学生到职业人的角色的转换,为高职院校学生的全面健康发展打下坚实基础。

5. 通过完善就业信息网络建设提高高职院校学生就业能力

在网络发达、咨讯丰富的今天,及时掌握大量有效、翔实的企业用人需求信息,对促进高职学生顺利就业有很大的帮助。高职院校应积极与企业、市场和社会联系,不断完善就业信息网络建设,通过信息网络将企业的基本情况、技术方向、人才需求及发展前景等高职院校学生就业过程中非常关注的重要信息及时发布给高职院校学生,以提高高职院校学生就业能力。

第五节 加强高职校园文化建设的基本对策

一、全面认识和理解高职校园文化建设

首先,应全面认识和理解校园文化。校园文化是一个独立的、完整的概念,应全面地把握。校园文化是社会文化的子系统,是学校文化的总和,它包括物质行为、制度、精神文化四个层面。校园精神是校园文化的核心,校园物质文化是校园精神文化的载体,制度文化是联结物质文化和精神文化的联结体,校园行为文化、校园物质文化是居于浅表层的外显的。在高职校园文化建设中应全面地理解和把握校园文化的精髓,即校园精神的树立。要全面把握、统筹规划、分步实施。

其次,要提高对高职校园文化建设重要性和紧迫性的认识。高职院校要实现培养全面素质的应用型人才的教学目标,要提升办学水平形成先进的教育理念、教育价值观和教育科

学理论使学校具有持续的竞争力,要凝聚全校师生员工、充分发挥人的积极因素。

二、明确建设高职校园文化的指导思想和原则

校园文化作为意识形态,代表着先进文化、高雅文化,必须坚持马克思主义的指导地位。这是搞好校园文化建设,增强校园文化功能,发挥校园文化作用的根本前提和保障。教育必须为社会主义现代化建设服务,必须与生产劳动相结合,培养德、智、体等方面全面发展的社会主义事业的建设者和接班人,这不仅是教育事业发展的方向,同时也是校园文化建设的纲领。

在校园文化建设中,还必须始终坚持主导价值观的培养。在新的形势下,主导价值观的培养,一是要抓住主导价值观与市场经济和法治社会的结合点,潜移默化地实施主导价值观教育;二要改变教育方式,增强主导价值观的感召力和吸引力;三要大力弘扬民族精神。

坚持建设高职校园文化的原则,首先是必须坚持物质与精神、形式与内容相统一的原则。要克服只重浅表的、外在的、有形的物质文化建设而忽视内在的、深层次的、无形的精神文化建设,应当把校园文化建设体现在全校师生员工的行为之中,这种行为蕴含着优秀的精神文化、制度文化物质文化,并从理论上、实践上逐步形成一个完整的、系统的、制度化的、规范化的、具有本校特色的校园文化体系;其次是必须坚持从实际出发"因校制宜"的原则。不同的学校有着不同的文化背景和文化主体、客体,这就决定了不同的学校有不同的文化特色,要从各校已有的物理环境和自身的条件出发,例如,有的学校是由几所学校合并而成,校园由几个校区组成,风格各异,如顺其自然,按各校区不同功能,遵循美学和适用原则,规划布局为各具特色的校区,达到人与自然、人与物、物与物之间的和谐、协调,同样能达到美的效果;再次是必须坚持个性与共性相统一的原则。高职学院校园文化必须定位在"高"和"职"两点上。"高",是指高等教育层次,这是相对于"中等"教育而言。当前,首先要强调提升校园文化的水平,这是主要矛盾。"职"是指学校的职业性。无论是行业性还是综合性的高职学院,其共同特点是在"职业性"性上。职业教育与普通教育相比,其特色主要体现在地方性与行业性、技术技能性、市场导向性等三个方面。地方性与行业性体现在发展职业教育的出发点和落脚点上,体现在办学的责任主体性和地方行业的差异性上。技术技能性特色是职业教育要突出对人才的技术和技能的培养上,这是由职业教育的培养目标所决定的。职业教育的市场导向性主要体现在学校专业的设置和劳动力市场对毕业生就业的需求上。

三、正确定位高职校园文化的坐标和内容

高职教育可以说是以社会需求为导向的就业教育。高职教育的目的和目标是为国家和地方经济发展培养适应生产、建设、管理、服务第一线需要的应用型高素质人才。这就要求高职院校培养出来的学生应该是市场所需求的抢手的、有一技之长的高素质劳动者和应用型专门技术人才。高职院校只有正确定位,学校才能稳步发展,校园文化建设也才能找准坐标。因此,高职院校一定要以就业为导向,建立和健全"以能力为中心"的人才培养模式,在专业设置、课程设置、实训实习、招生就业等方面要与市场接轨,为地方经济服务。同时,高

职院校要加强对校园文化建设的领导,根据培养对象的特殊性,把校园文化建设列入学校的议事日程,制订出着眼于培养高素质劳动者和应用型专门技术人才的校园文化建设规划,并纳入学校事业发展总体规划。在实施校园文化建设的过程中,还应注意研究社会政治经济文化情况,尤其是有关行业、企业情况及社会环境对育人的影响,及时解决热点问题,保证校园文化建设沿着"立足高职,陶冶情操,塑造灵魂,励志敬业"的健康轨道发展。

校园文化有巨大的文化传承作用,可以将民族优秀文化一代一代地传下去,使之永远成为中华民族的瑰宝。校园文化建设要大力弘扬民族优秀文化,并要使之对整个社会产生很大的辐射作用,使之助于继承和发扬爱国主义光荣传统,增强民族自尊心和自信心。反过来说,要建设健康、文明、向上的校园文化,就必须弘扬中华民族优秀的传统文化,继承和发扬传统美德,抵制拜金主义、享乐主义、极端个人主义和自由主义对青年学生的侵蚀。

四、营造良好的物质环境

物质环境包括本源性的、非人加工的校园地理位置、地形风貌等自然环境和在自然环境基础上经过人改造加工的、直接属于"人化"产品所构成的物理环境两方面,两者相互交织在一起。校园物质环境是校园文化的物质性载体,也是校园文化赖以产生、发展的基础和骨架。"人化"的物质环境不等于"美化""优化",如何使校园建筑、教学设备、文化基础和生活设施等有机结合,又有自然景观的合理布局,这是校园文化建设应注意的问题。

(一)完善教学、生活和文化设施

教学与生活设施的建设是学校教育赖以存在的最必要的条件之一,因此,应当写好校史、做好校史陈列室建设、设计好教学场所、高职图书馆,完善教学设施,优化学习环境,不断满足学生学习成才的需要,要规划、建设好学生文艺、体育、科技活动场所,完善校园文化活动设施。各高职院校都应当创造条件建设学生活动中心,为开展校园文化活动提供必要的场地和条件。要加强校报、校刊校内广播电视、校园网、学校出版社、宣传橱窗等的建设,发挥宣传舆论阵地在校园文化建设中的更大作用。

(二)将校园建筑的实用和审美有机结合

校园建筑一般由教学楼、办公楼、宿舍、食堂和高职图书馆等构成,它是校园文化最直观的表现形式。因此,在设计校园建筑时,不仅要强调实用性,还要注意审美功能或者更准确地说,在可能的条件下,一切校园建筑除了牢固和结构合理外,都同时应当是一种独特的艺术品,这对营造校园文化有着特别的意义。

(三)注意软、硬工程的有机结合

近些年,很多高职院校的决策者不同程度地加强了硬件方面的建设,这固然是正确的,但同时还要注意加强软环境的建设,并通过资料记载和实物予以展示;要确定校训、校歌校徽校标,提倡学生牢记校训、学唱校歌、佩戴校徽、使用校标;做好绿化美化工作,使校园的山、水、园、林、路等达到使用功能、审美功能和教育功能的和谐统一,用优美的校园景观激发学生的爱校热情,陶冶学生关爱自然、关爱社会、关爱他人的美好情操;要在公共场所布置具有丰富内涵的雕塑、书画等文化作品,营造高尚健康的人文景观氛围;要组织学生广泛参与校园楼宇、道路、景点的规划、建设、命名以及管理工作,增强学生对校园文化环境的认同感。

五、加强制度文化建设和精神文化建设

加强制度文化建设,一是要规范和完善高职院校各项规章制度。高职校园制度文化主要表现为学校的组织机构和各项规章制度。首先,要加强校园文化建设组织机构的建设。应建立健全校园文化建设组织机构,成立学校党政领导任负责、由各部门负责人参加的,分工明确、协调统一的校园文化建设领导小组,统一领导和指导本校校园文化建设。要把校园文化建设作为社会主义先进文化建设的重要内容纳入议事日程,积极探索新形势下加强和改进校园文化建设的新思路、新举措,从学校发展和人才培养的战略和全局高度,统筹规划、组织协调和宏观指导高职校园文化建设;其次是建立、健全高职学院各项管理的规章制度。尤其是由几个学校合并升格为高职学院的学校,原有各校的规章制度各不相同,管理手段和要求的宽严程度也不一样,合并后,首要的是要统一认识,认真清理、规范、各项规章制度。这些制度方面的校园文化,对全体学生和教职工来说,既有一定的强制性与约束力,又有强大的号召性与感召力。二是要建立科学的高职校园文化运行机制。校园文化建设是一项系统工程,我们要能科学、合理地安排校园文化的各种要素的顺序与结构,以直接改变系统的运行功能与行动。在横向结构上,要分清主次;精神文化是深层次的,起主导作用,应当放在首位,我们集中力量抓好学校精神和校风建设;各项具体文化活动是浅表层次、是载体,是直接为塑造学校精神服务的。在纵向结构上,要区分先后和轻重缓急,不能眉毛胡子一把抓。就当前情况来说,首要的是要全面理解校园文化,提高对校园文化建设重要性的认识,理清思路,摸清情况,找出自身学校与先进学校校园文化间的差距,建立组织、分清职责、作好规划、分清主次、分步实施、积极行动。三是要加强对校园文化建设的管理。要建立校园文化建设的教学、科研、人事、外事、管理、后勤服务、学生活动等各项管理规章制度,建立和完善校园文化建设检查评估制度,把校园文化建设纳入高等学校教育教学评估体系。要加强哲学社会科学研讨会、报告会、讲座的管理,加强校园文化管理。要加强对学生组织特别是学生社团的领导和管理,帮助学生社团选聘指导教师,支持和引导学生社团自主开展活动。

推进精神文化建设,一是要更新办学理念与思维方式。面临知识经济和经济的全球化,高职院校作为创新人才培养的基地,必须克服思维定式,要牢固树立全球化、开放性、自由性、社会性、系统性、价值性的思维方式,要坚持与时俱进,又要从自身的实际出发,来更新办学理念和思维方式;二是要培养良好的校风,首先是目标要明确,要求要具体。校风是学校精神的提炼和具体化。校风的内容应用简明、易记的文字表述出来,便于师生理解、记忆。道德是人才素质的核心,校风建设要以"德"为主线;其次是要抓住校风建设的关键,培养良好的校风。根据校风的层次性特点,在校风建设中要分清主次。要抓好领导作风的建设,充分发挥教师和政工人员在校风建设中的骨干作用,充分发挥系(党、团总支)和班(党、团支部)一级组织在校风、系风、班风建设中的组织领导作用;三是要培育学校精神。学校精神是校园文化的最高境界,是学校风貌、个性特征、社会魅力的高度表现,并内化为主体的思想观念和行为准则,从而培养和决定了校园文化在思想感情信念观念取向上的一致性,教育和塑

造了校园主体的心理、性格和自我意识形成新的灵魂世界。

六、正确引导行为文化

针对高职学生的生理、心理特点和现状,在校园文化建设中应大力加强高职学生行为规范的养成教育,提升高职学生行为文化的总体水平,摒弃不良习气,培养文明举止,养成良好的学习、生活习惯,为步入社会作好准备。

(一)营造学术氛围,创导高雅文化

高职校园文化与中等学校校园文化最大的区别在于其高层次性上,这种"高层次性"反映在浓郁的学术氛围和对高雅文化的崇尚两个主要方面。

针对这一现象,在高职校园文化建设中更应有意识、有重点地通过举办文化讲座、组织观看演出等方式,给师生引入和推荐一些民族的、高雅的文化艺术,逐步培养学生对高雅文化的兴趣,同时还应积极弘扬民族的优秀文化,将高雅文化引入校园。

在校园文化建设中,正确的做法应当是重视学术水平的提升应当从政治的、经济的,物质的和精神的方面采取激励措施,为学科带头人和教学、科技骨干的成长创造有利的环境。在抓学科建设的同时,更要将学风建设作为学校建设的基础来抓。在校园文化活动中,要多开展一些学术讲座、课外科技活动,组织学生开展社会调查,组织志愿者参加社会实践活动,学校的高职图书馆、实验室、网络室、校内实习基地等也要为师生开方便之门,从而在学校形成尊师重教、积极学习、崇尚科学的良好氛围。

(二)加强学生人文素质的培养

针对高职学生人文素质差和当前社会现状,首先应当加强高职学生的道德修养,用中华民族的传统美德去教育和感召学生。加强高职学生人文素质的培养,首先,要转变高职学院校的教育观念,树立"全面发展的社会人"的培养目标,实现人文精神与科学精神的统一。其次,要建立科学的人文教育体系,完善课程设置。人文教育是一项十分复杂的系统工程,必须综合一切可能利用的方法才能奏效。要通过修订教学计划,建立科学的人文教育体系,要把人文教育贯穿于专业教育的始终。使学生在接受专业知识的同时接受人文教育。通过课程、活动、讲座、环境等方面多管齐下。最后,优化校园人文环境,提升校园文化品位。校园文化在陶冶学生情操和提高学生素质中具有十分重要、不可取代的作用,通过加强校园人文环境建设,充分发挥学生社团的积极作用,由学生社团组织学生参与课外文化、体育、科技、社会实践和青年志愿者服务活动和各种讲座及表演活动,创建良好的校园文化氛围。

(三)构建网上文化阵地,营造健康向上的校园网络文化

面对信息化社会,高职院校应审时度势,积极抢占校园网络文化主阵地,建设健康向上、积极高雅的校园网络文化,推进思想政治工作进网络工作。应集中力量办好一批有基础、有特色的站点,使之成为利用网络进行思想政治教育的领头羊。学校和院系要充分利用这些网站提供的平台,实行校务公开,开展丰富多彩的校园网络文化活动。要不断整合教育资源,拓宽服务渠道,初步形成集教育、管理、服务于一体的高职网络文化体系。通过网上活动凝聚人、团结人、鼓舞人,大大拓展网络思想政治工作的空间。关于网络文化建设问题,前面

章节已有论述,在此不再重复讨论。

七、加强校园精神文化建设

　　走进大学校园,最引人注目和让人回味的就是校训。作为校园文化的闪光点,校训不仅语言精辟凝练,而且寓意深刻,蕴含着丰厚的文化底蕴。一条好的校训,既能充分体现出高校的办学理念和价值追求,又能反映其治校精神和办学风格,彰显高校办学特色与个性。同时,还能启迪师生思想、升华人格品质、引导优良学风、统领校园文化建设。因此,校训是高校校园文化的灵魂。首先,校训是办学目标、办学理念的精辟概括。校园文化是一所高校特有的文化现象,是校园物质文化、制度文化、精神文化的总和。校园文化的形成是学校办学理念和教育思想的历史积淀和凝结,而校训则是对其教育思想、办学理念提纯与升华后的结晶;其次,校训是大学精神、治校风格的历史凝练。高校校园文化的核心内容之一是大学精神和治校风格,而校训则是一所学校独立精神和办学风格的历史凝练,它既折射出这所大学的办学传统及治校方略,又表现出该大学的现代追求;再次,校训是师生立身处世、从教求学的行为准则。校训是一所学校育人的旗帜,是师生共同的价值理念和行为准则。校训对师生来说既是面镜子,更是面旗帜,大家努力实践之,以此律己、以此示人;最后,校训是学校特色与个性的集中体现。校训作为校园文化一种独特的表现形式,既为校园人所感知,又使校外人通过它了解学校、把握学校特征。校训是一所大学传统精神与现代追求的凝练,是该校个性与特色的集中体现。

　　校歌是校园歌曲的一种,但不能简单地将它与校园歌曲相提并论。校歌作为反映学校精神风貌的校标,在校园文化建设中具有举足轻重的地位,在激励师生发扬学校优良传统、增强学校独有的群体观念、培养学生勤奋学习的优良品质方面具有不可替代的作用。校歌一般通过歌词反映学校的精神风貌,传达学校的历史传统与办学宗旨,表现师生自强不息、创新有为的理想追求,具有很强的鼓动性和教育意义。具体来讲,校歌的作用可以概括为四个方面:首先,校歌能提高学校知名度和竞争力凝聚力、向心力。校歌与校名、校徽、校旗等是学校形象中最直观、最生动的构成要素,构成学校的品牌,是学校无形财富,是校园文化建设的重要组成部分之一;其次,校歌能激励师生发扬学校优良传统,培养校友的自豪感和荣誉感;再次,校歌能增强学校独有的群体观念和学生的集体主义观念;最后,校歌有利于培养学生勤奋学习的优良品质和高尚的道德情操。

　　随着读图时代的到来,"视觉文化"开始蓬勃发展。校徽这种"视觉文化"的表现形式开始为人们关注。校徽不仅有独特精美的"外显"形式,而且有丰富的文化"内涵",它能够体现学校的办学理念、办学特色、学校类型以及学校的文化底蕴。因此,校徽也是校园文化的重要组成部分之一。近年来,许多高校纷纷在校内外广泛征集校徽图案,有的甚至为此开办比赛,择优录用。校徽是一个学校的象征,是学校悠久历史和传统文化的一种浓缩。尤其是高校校徽通常能集书法图案、造型于一体,外形美观,寓意深邃,被称作是高校办学精神和办学宗旨的美术表现形式。在竞争日趋白热化的时代,高校逐渐深刻认识到校徽不仅是校园文化的组成部分,更是宣传学校自身文化的一种手段。对内部人员来说,校徽是校园文化的集中表现,充分反映了学校的文化精髓;对外人来说,校徽就是学校的名片,充分表达大学的深厚文化积淀。

校旗也是校园文化的重要组成部分之一,校旗与校歌、校训等要素共同构成创设校园精神文化的基础,通过师生群体共同努力,建立融洽的人际关系、积累校风传统、构筑群体认同的意识体系,并通过开展生动活泼格调高雅的实践活动,逐步形成弥漫于整个校园并体现学校风范的良好风尚和蓬勃、进步、健康、文明的精神氛围,从而可以达到增强校园文化的吸引力、凝聚力和感召力的目标。

八、搞好社团组织建设,培训校园文化骨干

学生社团是校园文化的主要组织形式,遵循专业性、自愿性、兴趣爱好同一性等原则建立起来的各种学生文化群体。学生社团是校园文化组织的主要形式和基本单位,是开展校园文化活动的组织基础。实践证明,学生社团及其活动,丰富了学生的课余生活,调整了知识结构、陶冶了思想情操、增强了成才意识和竞争意识,因此要搞好校园文化,就必须将学生社团组织建设好。

校园文化的骨干和带头人起着关键作用,注意发现和培养骨干,在校园文化建设中真正发挥模范先锋作用。他们在学生中往往有较高的声望和广泛的影响,综合素质的水平与搞好校园文化建设有直接关系,必须做好发现和培养学生会、学生社团骨干和带头人的工作。要从思想品德高尚、作风正派、有活动能力和组织能力的学生中去发现人才,认真培养,使他们成为学生中的佼佼者,在校园文化活动中真正发挥骨干和带头人的作用。

参考文献

[1]刘永亮.高职院校文化育人的理论与实践探索[M].北京:北京理工大学出版社,2022.03.

[2]梁晓珊.高校校园文化建设[M].长春:吉林人民出版社,2021.05.

[3]赵翔,张博.高职校园文化建设的多维度探究[M].西安:西北工业大学出版社,2021.01.

[4]王炳堃.高校大学生管理教育与校园文化建设[M].长春:吉林出版集团股份有限公司,2021.10.

[5]钟艳红,袁希.高职院校文化育人认知与行动[M].北京:光明日报出版社,2021.05.

[6]蔡静俏,袁仁广.高职校园文化建设与发展研究[M].长春:吉林文史出版社,2021.05.

[7]王雁,张贝丽.新时期高职校园文化建设的探索与实践[M].北京:中国原子能出版社,2021.09.

[8]张廷,于健,胡一铭.高职院校第二课堂探索与研究[M].北京:北京理工大学出版社,2021.06.

[9]耿凤.高职院校校园文化建设探索与实践[M].北京:现代出版社,2020.03.

[10]杨荣.高职院校学生管理和校园文化创新理论与实践[M].西安:西北大学出版社,2020.

[11]张慧.高职院校文化育人的多层透视[M].西安:西北工业大学出版社,2020.06.

[12]闫婕.网络环境下高校校园文化建设研究[M].长春:吉林人民出版社,2020.10.

[13]程莉.新时代大学校园文化建设[M].北京:中国原子能出版社,2020.09.

[14]王艳红.高校校园文化的构建及发展研究[M].长春:吉林出版集团股份有限公司,2020.08.

[15]陶元.文化自信引领高校校园文化建设研究[M].北京:中国原子能出版社,2020.09.

[16]李云华.高职教育文化建设与发展路径探索[M].汕头:汕头大学出版社,2020.07.

[17]王凯.和谐校园建设下高职院校学生管理研究[M].长春:吉林出版集团股份有限公司,2020.05.

[18]倪铁军.校园文化建设的理论与实践[M].北京:光明日报出版社,2019.03.

[19]夏明凤.高职院校文化课教学的功能与实践[M].北京:现代出版社,2019.03.

[20]秦慧媛.高校校报创新发展与校园文化宣传[M].长春:吉林人民出版社,2019.09.

[21]杨日晨.高校校园文化建设中儒家礼乐文化融入的实践路径研究[M].长春:东北师范大学出版社,2019.06.

[22]吕开东,张彬.高校校园学风建设与校园文化融合发展研究[M].北京:光明日报出版社,2018.03.

[23]王官成,苟建明.高职院校文化育人的创新与实践[M].北京:光明日报出版社,2018.06.

[24]周国桥.高校校园文化建设管理研究[M].天津:天津科学技术出版社,2018.01.

[25]张理华.高校图书馆与校园文化建设研究[M].北京:台海出版社,2018.09.

[26]汤瑞.德育功能背景下高校校园文化建设研究[M].北京:北京工业大学出版社,2018.12.

[27]胡颖蔓.高职校园文化和企业文化的融合路径[J].现代企业,2020(6):115-116.

[28]胡颖蔓,汪次荣.论高职校园文化建设的定位及内涵[J].长江丛刊,2020(28):98-99.

[29]李圣岚,陈甜.高职校园文化建设与地域文化融合路径研究[J].今天,2022(18):61-62.

[30]吴欣桦.媒体融合环境下高职校园文化传播策略[J].文化产业,2022(8):19-21.

[31]刘伟.高职校园文化建设与思政教育融合路径探索[J].石家庄职业技术学院学报,2022(1):30-33.